www.auf-weltreise.de

Jan Balster

Vietnam

Reportagen aus dem Land der Drachen und Feen

Bibliografische Information der Deutschen Nationalbibliothek:
Die Deutsche Nationalbibliothek verzeichnet diese Publikation in der Deutschen
Nationalbibliografie; detaillierte bibliografische Daten sind im Internet
über http://dnb.d-nb.de abrufbar.

Titelbild: Saigon
Lektorat: Falk Hummrich, Hans Wagner, Nguyễn Hùng
Herstellung und Verlag: BoD - Books on Demand GmbH, Norderstedt
Printed in Germany
Alle Rechte vorbehalten

www.auf-weltreise.de

www.editioneurasien.de

ISBN: 9783744811064

Inhalt

Über den Autor

Jan Balster, Jahrgang 1974, arbeitet als Freier Bild-, Reisejournalist und Autor für in- und ausländische Zeitungen, Zeitschriften und Verlage.

Er lebte mit Clochards und Wanderarbeitern in Frankreich, in englischen Obdachlosenasylen, mit türkischen Gastarbeitern in London und tingelte als Straßenmusiker durch Irland. Er arbeitete als Weinleser, Fahrradkurier und Tellerwäscher, traf Fremdenlegionäre, IRA-Sympathisanten, Schiffs- und Flugkapitäne.

Während er anfangs mit dem Fahrrad unterwegs war, reiste er 1998 zu Fuß und ohne Geld 3100 km von Dresden, via Mittelmeer nach Irland. Heute ist er mit Verkehrsmitteln unterwegs, die auch die Einheimischen benutzen: zu Pferd, als Tramp, mit Bus und Bahn. Immer wieder zieht es ihn nach Russland und Zentralasien.

Hồ-Chí-Minh-Mausoleum in Hanoi (2004)

Bác Hồ

Der gefangene Geist des Hồ Chí Minh in Hanoi

Vier Tage in der Woche, von Dienstag bis Freitag, können ihn die Besucher betrachten. Lediglich in den Monaten Oktober und November müssen sie verzichten. Da wird er generalüberholt. Schließlich soll er nicht zusammenfallen, keine Spuren der Verwesung zeigen wie sein Kollege Lenin im fernen Moskau.

---

[1] »Nichts ist wertvoller als Unabhängigkeit und Freiheit«

So stehe ich an diesem Freitag pünktlich um acht Uhr am Eingang zum Mausoleum am Hanoier Ba-Dinh-Platz. Er wird im Wesentlichen für Aufmärsche genutzt. Polizisten riegeln ihn ab. Zufahrtsstraßen sind mit Einbahnstraßenschildern bestückt. Verkehrspolizisten weisen die ankommenden Reisebusse ein. Touristen kommen immer, aus Japan, Deutschland, Frankreich und sogar aus dem einstigen Feindesland Amerika. Es gehört einfach zum Besucherprogramm für Hanoi, sagen die einen - so eine Prozedur muss man erlebt haben, die anderen. Dieser Prunk, dieser Protz ist nötig, um auf Vietnams Regierung aufmerksam zu machen, höre ich aus der Schlange, welche sich langsam formiert.

Noch haben die Ordnungsfrauen mit ihren stahlharten Mienen nicht viel zu tun. Die erste Gruppe von etwa dreißig Personen darf eintreten. Eine Ordnungsdame stellt sich hinter die letzte zugelassene Person. Wir rücken vor. Eine Glastür wird aufgesperrt. Vor uns ein Röntgengerät, wie es auf Flughäfen zu Personen- und Taschenkontrollen eingesetzt wird. »Fotokamera«, die knappe Aufforderung. »Open« und die junge Frau weist fordernd auf meine Jacken, keine Geste der Freundlichkeit, kein Lächeln. Wovor haben sie Angst? Vor einem Anschlag, vor einem Bild, das ich nehmen könnte, von ihrem geliebten Hồ? Könnte ich ihm womöglich seine Seele rauben?

Ahnenkult hat eine lange Tradition in Vietnam, in jedem Tempel, in jeder Pagode kann man ihn finden. Siebzehn Jahre gab es nur einen Ahnen, einen öffentlichen Ahnen, während die anderen heimlich zu Hause in den kleinen Tempelchen im Wohnzimmer verehrt wurden. Der öffentliche Tempel war für den großen Ahnen Hồ Chí Minh errichtet worden. Ein Klotz, der viermal größer sein soll als das Leninmausoleum in Moskau. Aber er wurde nach dessen Vorbild gebaut. Auch die Struktur des Kultes seiner Partei ähnelte der in Moskau. Es ist der Kult einer Partei, die es verlernt hatte, einen Mann zu ehren, der sich für sein Volk aufgeopfert hatte. Heute wird darauf geachtet, dass er nicht fotografiert wird. Aber wer soll wem die Seele rauben? Mit einem Bild von einem Toten, dem man seinen Letzten Willen verwehrt, den man nicht bestattet.

Mit Trillerpfeifen befehlen die Beamten der Volkspolizei dem Besucher: Gehen Sie in Zweierreihen. Und ehe der letzte Tourist begriffen hat, seine Kopfbedeckung endlich abzunehmen, haben sie uns sortiert. Wir nähern uns fast im Gleichschritt, in Zweierreihe rücken wir vor. Hinter uns, zwanzig Meter entfernt, versucht die zweite Gruppe, ebenfalls an die dreißig Leute, aufzuschließen. Keine Chance. Eine Trillerpfeife ertönt. Kein Wort, kein Satz, lediglich dieser schrille Ton der Pfeife schafft Ordnung. »Linksschwenk Marsch!« Wir betreten den roten Teppich, der geradewegs zum Vordereingang des Mausoleums führt.

Ein paar Stufen hinauf, vier Soldaten der vietnamesischen Volksarmee weisen den Weg. »Linksschwenk Marsch!« Vor uns an der Wand ein Zitat, wohl das wichtigste von Hồ Chí Minh: »Nichts ist wertvoller als Unabhängigkeit und Freiheit« Seit mehr als fünfundvierzig Jahren ist Bác Hồ, Onkel Hồ, wie ihn die Vietnamesen liebevoll nennen, nun schon tot. Doch die Partei kann nicht von ihm lassen. Besonders in einer Zeit, wo die Korruption stärker wächst als in den ersten fünfzehn Jahren der jungen Republik. Selbst in den Reihen der eigenen Regierung nimmt die Verschwendungssucht immer mehr zu. Da hilft der Geist dieses einzigartigen Mannes mit seinen revolutionären Ideen, seiner harten Arbeit, seinem spartanischen Leben im Dienst des vietnamesischen Volkes leider nicht.

Heute heißt es: Viele sollen anpacken, wenige dürfen profitieren. Da ist man sich nicht zu schade, ein Bild Hồs auszugraben, auf dem er gerade einen mittelständischen Betrieb betritt. Hồ Chí Minh wollte schon immer Privatwirtschaft, erklärt man. Beruht doch seine »Declaration of Independence« auf der Freiheitserklärung der Französischen Revolution und der Unabhängigkeitserklärung Amerikas, nicht auf Marx oder Lenin, deren Thesen heute in den Schulen gelehrt werden. Werden sie auch verstanden? Oder werden die Menschen ebenso betrogen und verraten wie Hồ Chí Minh? »Rechtsschwenk, Marsch!« die Treppe hinauf. Eiserne Blicke der Soldaten. Die Luft wird spürbar kühler. Nur nicht stehen bleiben, Treppe, Stufen, immer hinauf.

Zwischen 1973 bis 1975, unterbrochen durch etliche Baustopps wegen der Bombardierung Hanois, wurde der Mausoleums-Klotz errichtet. Der riesige Platz davor mildert seine Strukturen optisch etwas ab. Dieser Aufbewahrungspalast ist ein Bauwerk, das Hồ Chí Minh niemals wollte, ebenso wenig wie ein Staatsbegräbnis. Eine einfache Einäscherung hat er sich gewünscht, keinen Pomp, keine Verschwendung. Ihm seinen letzten Wunsch zu erfüllen, wäre eine viel größere Ehrung für diesen Mann gewesen als diese Zurschaustellung. Das Geld für den Bau dieses

Mausoleums wäre besser in die Wirtschaft, die Bildung und das Gesundheitswesen investiert worden.

»Rechtsschwenk Marsch!« - und den Blick nach links gewendet. Da liegt er, aufgebahrt im rotfarbenen Spotlight, Onkel Hồ im gläsernen Sarg. Und ebenso leblos, nur mit offenen Augen stehen vier Soldaten an den Ecken des Sarges. Nur nicht stehen bleiben, marsch, marsch. Keine Sekunde verweilen im Gedenken an diesen Ahnen. Hier ist strengstens verboten, was in Tempeln und Pagoden wieder öffentlich erlaubt ist. Verweilen, nein. Onkel Hồ ist noch nicht angekommen, dort, wo er glaubte, dass er alle die großen Geister, wie Marx und Lenin, treffen könnte.

Zwanzig Sekunden hatten wir Zeit. Die brütende Sonne erwärmt unsere Gesichter nach der Kühle im Mausoleum. Schnell löst sich die Gruppe auf, dreißig Leute, die eben noch in Zweierreihe vereint, hintereinander schritten. Wir haben ihn gesehen – ihn, den großen Hồ. Liegt hier der letzte Kommunist des Landes Vietnam begraben?

Hồ-Chí-Minh-Mausoleum in Hanoi (2004)

Reisernte westlich von Mỹ Tho am Rande des Mekong

Die gute alte Heimat - Vietnam

Wenn die Kinder in die Städte ziehen, droht das Elend

»Es gibt immer zu wenig Land für zu viele, die Reis essen wollen«, behauptet Hùng. Er runzelt seine Stirn, wie immer, wenn er intensiv zurückdenkt. Dann schließt er die Augen, für einen Moment, und als er sie wieder aufschlägt, ist sein Gesicht wie verwandelt. Als sei er weit, weit weg gewesen, um eine vergangene Zeit wieder einzuholen, die ihm unerreichbar scheint, doch glücklich machte.

Lange ist er nicht mehr dort gewesen. Reis wird in Bãi Cháy heute nicht mehr angebaut, lediglich Straßen, an deren Rändern sich Hotel an Hotel, Neubau an Neubau türmen. Investoren überbieten sich in ihren Angeboten. »Vietnam ist ein großer Markt. Wir sind alle potentielle Kunden. Jetzt kommen auch ausländische Touristen in das kleine Mallorca der Chinesen«, meint Hùng, der von 1986 bis 1989 in der DDR Landmaschinenbauer gelernt hatte. Ein wenig hat er noch in Deutschland gearbeitet, dann plagte ihn das Heimweh, und er ging zurück: »Das hat mir gereicht. Hier wird es bald genauso sein wie in Deutschland.« Er spricht fließend deutsch. Er wollte nach Hause, zu seiner Familie, zu seinem Bruder, zu seinen Reisfeldern. Doch nichts ist so, wie er sein Land verlassen hatte. Vietnam hat sich verändert, die Vietnamesen haben sich verändert.

»Kann ich es den Leuten hier verdenken«, gesteht Hùng, »wenn sie aus ihrem Weltwunder Ha-Long-Bucht Kapital schlagen.« Früher, bis 1991 war Bãi Cháy eine Sommerfrische für verdiente Arbeiter, Soldaten und Funktionäre. Ein attraktiver Ort. Heute hat man die Promenaden verbreitert und verlängert, Palmen und Flamboyants gepflanzt, Strände aufgeschüttet, wo einst Fischerboote in den Wellen wiegten, den

Touristenhafen an die Peripherie verlegt und den Bauern immer mehr Land abgenommen, um mehr Beton zu pflanzen. Seither lebt Hùng mit seiner Familie nördlich der Kleinstadt Ninh Binh, in der Trockenen-Ha-Long-Bucht - ebenfalls ein Weltwunder.

In den Morgenstunden, kurz nach Sonnenaufgang, scheinen alle unterwegs zu sein. Fahrräder in Kolonnen, Marktfrauen und Schulkinder. Schon ein paar Kilometer von Hanoi entfernt, im Delta des Roten Flusses, erstreckt sich das landwirtschaftliche Vietnam. Fleiß, wohin man blickt. Auf den Feldern pflügende Wasserbüffel, Männer und Frauen bei harter Arbeit. Das war schon immer der Mehrwert der Vietnamesen.

Der Nassreisanbau erfordert viel Kooperation innerhalb der Dorfgemeinschaft. Familien müssen sich zusammenschließen, um die Reisschüsseln vieler hungriger Münder füllen zu können. Dabei steht die gemeinsame Bewässerungsanlage im Vordergrund. »Auf den Nachbar muss Verlass sein«, erklärt Hùng leidenschaftlich. »Die Systeme nutzen eine hoch gelegene Quelle, die talwärts ein Feld nach dem anderen speist.« Drei bis fünf Tage nach der Wässerung müssen alle Setzlinge gleichzeitig gepflanzt werden. Da rückt das Interesse der Gruppe gegenüber dem

Einzelnen immer in den Vordergrund. Es scheint überlebensnotwendig, Spannungen zwischen den Familien zu vermeiden. »Das ist schon seit dem 11. Jahrhundert so«, sagt Hùng. »Doch die Familien brechen auseinander, wenn sie andere Einnahmequellen erschließen.«

Das Durchschnittseinkommen auf dem Land liegt bei 39 Dollar, in der Stadt bei 100 bis 120 Dollar im Monat. »Extrem arbeitsintensive Zeiten, in denen wir weit mehr Arbeitskräfte benötigen, als uns zur Verfügung stehen, wechseln sich mit Wochen, manchmal Monaten von Untätigkeit ab«, sagt Hùng. Reisanbau ist die ergiebigste aller landwirtschaftlichen Kulturen. Reis ernährt auf einer gleichgroßen Fläche etwa viermal so viele Menschen wie Weizen. Seit 3000 bis 4000 Jahren bauen die Vietnamesen im Delta des Roten Flusses Reis an. Es ist ein ewig gleicher Zyklus von Aussaat, Umpflanzung, Bewässerung und Ernte. Er bestimmt den Lebensrhythmus der Vietnamesen seit Jahrtausenden. Auch das wird sich ändern. »Die Chinesen haben ihn längst, und bald wird auch auf unseren Feldern angepflanzt - der Genreis«, sagt Hùng. Neuartige Reispflanzen sollen gegen Schädlinge, Krankheiten und Trockenheit resistent sein, sie verheißen steigende Ernten und einen sinkenden Pestizidbedarf. Seit 2004 laufen im Süden erste Freilandversuche mit Genreis.

Das Wetter ist umgeschlagen. »Es wird regnen«, meint Hùng und weist mit seinen Händen zum späten Nachmittagshimmel hinauf. Ein feiner Schleier aus Melancholie und Erinnerung scheint sich über sein Land gelegt zu haben. Die Sehnsüchte nach der Vergangenheit, die Gier nach der Zukunft - irgendwie wirkt nun auch das Delta des Roten Flusses zerrissen zwischen dem Wunsch, die Geschichte zu konservieren und dem Drang, so sein zu wollen wie andere, vielleicht sogar wie der Süden, wie das Mekong-Delta. Dann wird auch hier die Kluft zwischen Arm und Reich immer größer, und »die Unzufriedenheit wächst stetig an«, stellt er fest.

Tiền, tiền, tiền - Geld ist das magische Wort, das man auf dem Markt, im Bus, auf der Straße, einfach überall hört, das Wort, das den Schlüssel zur Welt der Waren eröffnet, auf die so viele glaubten, gewartet zu haben. Die Menschen reden über dieses Thema, wie über das Wetter. Es ist schier unerschöpflich. »Was hat das gekostet?« oder »Was hast du dafür erhalten?« Seitdem Wohlstand nicht mehr mit Klassenfeind, sondern mit Erfolg gleichgesetzt wird, haben selbst die Kader und Beamten ihre Scheu zu diesem Thema verloren.

Da hat es Nog, Hùngs jüngerer Bruder im Süden etwas leichter. Er hat die Boomstadt Saigon, die seit zehn Jahren für den Tourismus wieder in Mode gekommen ist, ganz in der Nähe. Mit seiner Frau, den drei Kindern und den Schwiegereltern bewohnt er ein bescheidenes Haus, einige Kilometer westlich von Mỹ Tho, am Rande des Mekong.

Das Delta des Mekong ist mit 45000 Quadratkilometern dreimal so groß wie das des Roten Flusses, wird aber mit 17 Millionen von der gleichen Anzahl Menschen bewohnt. Die neun Mündungsarme, Cuu Long, die dieses Delta bilden, sind von zahllosen Flussläufen, Kanälen und Sümpfen durchzogen. Das mit Abstand größte und ertragreichste Reisanbaugebiet Vietnams erschlossen die Vietnamesen erst im 18. und 19. Jahrhundert, kurz bevor die Franzosen sich seiner bemächtigten und anfingen, den Reis in alle Welt zu exportieren. Da wurde sogar eine Eisenbahnstrecke bis Mỹ Tho gebaut. »Die gibt es nicht mehr. Heute bringen wir unsere Waren wieder mit dem LKW oder Schiff nach Saigon«, erzählt Nog.

Noch immer sind die Bauern auf die, überwiegend aus Lehm und Holz gebauten, Wasserwege angewiesen, die in der sommerlichen

Regenzeit zeitweise gänzlich zusammenbrechen können. 90% der gesamten Ernteüberschüsse Vietnams erzeugen die Bauern. »Drei Mal kann bei uns im Süden geerntet werden«, erklärt Nog. »Zwei bis drei Monate bleiben für die Überschwemmung. Wenn sie kommt, merken wir das sofort. Dann wechselt der Mekong seine Fließrichtung.«

Soweit das Auge reicht, blickt man auf die Basthüte der Reisbauern in ihren Feldern, auf Bäuerinnen mit reisgefüllten Körben an der Stange über der Schulter. Auf den Bürgersteigen kauern Großmütterchen, ein Radfahrer hat ein Ferkel über den Lenker geschnallt. Kaffeepause wird am Straßenrand gemacht. Die Bauern hier lieben Kaffee, brauen ihn langsam und stark. Man kann zusehen, wie die dickflüssige Masse durch den oben auf das Glas gesetzten Filter quillt, bis sie sich am Boden mit Kondensmilch vermischt. Erst wenn der Genuss des Kaffees beendet ist, kommen die Bauern wieder in Gang, kehren zurück zu ihrer Feldarbeit.

Es gibt auch die Idylle der Reisfelder, schwirrende Libellen und plätschernde Bäche, dazwischen Gräber, in denen die Urahnen ruhen. Reis ist seit eh und je das Herzstück der vietnamesischen Kultur. Der Selbstversorgungsgrad in Sachen Reis liegt bei einhundert Prozent. Reis bestimmt nicht nur den Speisezettel, sondern wird in allen Lebenslagen gebraucht. Mann reicht ihn mit und ohne Salz, gekocht zu jeder Mahlzeit. Locker zu speisen serviert oder klebrig zusammen mit Süßigkeiten oder Suppen. Aber auch flüssig verarbeitet zu Reiswein und gebrannt zu Schnaps. Reisessig gilt als Heilmittel. Auf Reispapier wird auch geschrieben, und Künstler benutzen es für ihre Werke.

Wenn Nog in seinem Dorf wissen will, welcher Preis für seinen Reis in Saigon oder Mỹ Tho auf dem Markt gezahlt wird, erfährt er das heutzutage über das Internet. Dafür braucht er jedoch einen Helfer. »Während ich mich am Bildschirm informiere, tritt einer in die Fahrradpedale und speist damit den Generator, der den Strom für den Computer liefert«, erklärt er stolz. »Eine Minute Fahrrad fahren, erzeugt Strom für ungefähr fünf Minuten.« Das Dorf von Nog verfügt über keine andere Stromquelle und auch über keinen Telefonanschluss. Dafür hängt in den Baumwipfeln eine Antenne, welche die drahtlose Verbindung mit dem World Wide Web herstellt.

Von jedem Hektar eines Reisfeldes können vier bis fünf Tonnen Körner geerntet werden. Bis der Reis herangereift ist, benötigt er Tausende

Hektoliter Wasser. Zuerst werden die Sprösslinge zwei Monate in Saatfeldern gezogen, dann in das bewässerte Reisfeld ausgepflanzt. Der Wasserspiegel muss stets möglichst gleich hoch stehen, damit die Sprösslinge weder verfaulen noch vertrocknen. Wenn der Reifeprozess einsetzt, wird das Wasser abgelassen. Danach folgt das Ernsten, Dreschen, Schwingen und Schälen. »Das ist harte Arbeit«, sagt Nog. »Die Spanne zwischen Regen- und Trockenzeit ist die Zeit eine Reisschüssel zu füllen.«

Noch in den 70er Jahren des vergangenen Jahrhunderts pflegten die Vietnamesen, Glück und Wohlstand an der Menge Reis messen, über die sie verfügten, und ihren Ländereien, die ihnen für den Anbau zur Verfügung standen. Reisbauer zu sein, war eine Lebensweise und zugleich eine Weltanschauung. »Wir leben nach den Lehren des Konfuzius«, betont Nog, »keine Religion, sondern nur der chinesische Einfluß.«

Im kommenden Jahr möchte Nog ein Reisebüro in Saigon eröffnen. »Das bringt mehr ein, und ich muss nicht in der Erde herumbuddeln. Vielleicht finde ich einen Käufer für mein Land. Die Nachbarn haben schon Interesse angemeldet. Doch sie können den Preis nicht zahlen.«

Der Trend ist zum Konsumismus gegangen. »Kader-Kapitalismus plus Bürokratie, der Rest ist Schweigen.« Darüber denkt Hùng im Norden anders: »Wenn das Hô Chí Minh wüsste. Nach seinem Tod, so verfügte er in seinem Testament, sollte die Regierung den Bauern die Steuern für ein Jahr erlassen. Davon ist nichts gekommen. Gut, es war Krieg im Land.« Heute haben die Bauern keine eigene Krankenversicherung mehr, die staatliche wurde im Zuge der Đổi Mới, dem Pendant zur sowjetischen Perestroika, abgeschafft und für eine private fehlt ihnen das Geld.

Noch arbeiten viele Vietnamesen auf dem Land, wie ihre Väter und Großväter es getan haben. Es gibt noch keine Resignation unter den Reisebauern. Aber wenn ihre Kinder dem Trend folgen und in die Städte abwandern, um sich den Luxus zu kaufen, dann werden sie wirkliches Elend kennenlernen.

Reisfelder in Ninh Binh (Nordvietnam)

Reisernte westlich von Mỹ Tho am Rande des Mekong

Reisernte westlich von Mỹ Tho

Umpflanzen der Reisstecklinge auf den Feldern der Familie von Hùng

Auslese und Verpackung der Reiskörner

unterwegs von Hanoi nach Saigon

»Der Wolkenpass heißt Wolkenpass, weil er in die Wolken passt«
Juli Zeh (*1974)

Begierde und Illusion

Im Zug unterwegs von Hanoi nach Saigon

Ein seltsamer Geruch von frisch Gegarten und Diesel durchtreibt die kleine Straße. Es ist keine gewöhnliche Straße, sie wird durch einen Schienenstrang geteilt. Links und rechts des Stranges ein kaum zwei Meter breiter, gepflasterter Weg und schon erheben sich die Wohnhäuser, schmal in der Vorderfront, lang gezogen in der Tiefe wie ein Schlauch. Davor wird gehämmert und gesägt, gewaschen und gegart. Kinder jagen einander im Spiel. Plötzlich ertönt die Sirene einer D19E, einer schweren

Dieselelektronischen Lok chinesischen Fabrikates. Mit kaum mehr als 15 Kilometern in der Stunde presst sich der Personenzug in die Enge der Straße. Die Gleise, welche zuweilen als Tisch oder Amboss dienen, werden eilig geräumt, Kinder in die Wohnungen gerufen, Türen geschlossen. Da sitzt jeder Handgriff, ein geordneter Rückzug. Der Einzige, sich unbeholfen bewegend, obgleich damit gerechnet und doch überrascht, bin ich. Eine Stimme ruft: »Come Mister, the train is coming.« Für fünf Minuten stirbt die betriebsame Geschäftigkeit in der Straße. Diese unfreiwilligen Pausen gehören dazu. »Wir haben uns an den Rhythmus, den Lärm gewöhnt«, meint Dũng.

»Und nachts?«

»Den Zug hören wir nicht mehr«, betont er, während wir die Straße hinauf zum Hauptbahnhof gehen. Dũng grüßt: »chào ông«, »chào bà«, Gruß dem Herrn, Gruß der Dame. Zuweilen erkundigt er sich nach dem Befinden der Eltern von Freunden, nach Bekannten und Anwohnern. Hier und da wechselt er ein paar Worte, schaut beim Möbellackierer, Schreiner und Schmied herein, bewundert, bestaunt das handwerkliche Geschick, der zum Teil aus einer vergangenen Zeit stammenden Gewerke. Heute sind sie beinah vergessen, längst haben Maschinen diese Aufgaben in

Europa übernommen. In der Straße weiß man um den Stand des Nachbarn. Man kennt sich. Das ist wichtiger noch, als Geld zu besitzen. Viele verbringen ihr gesamtes Leben hier, werden geboren, lernen Laufen, ihre größte Reise bis zum Eintritt ins Leben der Erwachsenen wird der Gang zur Schule sein. Meist folgt im Anschluss daran die Arbeit im elterlichen Betrieb, später die Übernahme des Geschäftes. Diese Straße ist ihr Zuhause, ihr Hort des Lebens, immer mit der Hoffnung verbunden, irgendwann etwas Eigenes zu besitzen, nicht von einem Kreditgeber abhängig zu sein und vielleicht, wenn irgend möglich, »Lebe wohl« zu sagen. Bis dahin kleiden sie ihre Zuversicht mit den Worten: »Die Freiheit in unserem Land wird von Tag zu Tag besser.«

Mit diesem Gedanken im Kopf besteige ich den Wiedervereinigungs-Express, der Hanoi über 1700 Kilometer Eisenstrang mit Saigon verbindet. Dies entspricht circa zwei Drittel des gesamten vietnamesischen Streckennetzes. Circa 2600 Kilometer Gleis durchziehen das Land, durchweg eingleisig. Bis 1998 waren ausschließlich Dampflokomotiven im Einsatz, seither wird alles mit Dieselloks betrieben. Allerdings stammt beinah der gesamte Fuhrpark aus der Zeit, als der Ostblock noch existierte. Ebenso verhält es sich mit dem Schienenmaterial. Die Meterspur ist ein

Erbe der französischen Kolonialzeit. In die Eisenbahn wird kaum investiert. Der Personenverkehr ist rückläufig, selbst im Güterverkehr werden keine Steigerungen mehr verzeichnet. Die Vietnamesen reisen lieber mit dem Bus, und wer es sich leisten kann, nimmt gleich das Flugzeug.

Während die Liegewagen mit ihren Sechsbettabteilen zumeist hart sind, erweisen sich die Vierbettabteile, ausgestattet mit einer Klimaanlage, als recht komfortable. *Für bessere Zahler* erfahre ich bald. Das Abteil teile ich mit einem Australier aus Perth, einem vietnamesischen Studenten aus Huế und dem gerade pensionierten Professor aus Hanoi. Der Australier Pete und ich haben je einen Rucksack, Siêu, der Student zusätzlich zu seinem Rucksack einen Rollkoffer und der Professor einen Handkoffer, der heute vollkommen aus der Mode gekommen und zwei mittelgroße Stoffbeutel, gefüllt mit allerlei Kram, wohl als Geschenke für die Kinder seiner Verwandtschaft gedacht. Und kaum haben wir uns reisebequem eingerichtet, die Männerrunde sich bekannt gemacht, stecken die Ersten ihre Köpfe in unser Abteil: »Können Sie noch etwas Gepäck aufnehmen?« Der Professor weist alle schroff zurück, nicht gegen unseren Willen. Rasch füllen sich nicht nur die Abteile, sondern auch die Gänge werden mit allerlei Handelsware bestückt. Lediglich ein schmaler Gang, zwei Fuß breit, bleibt, damit die Zugbegleiter seine Runde drehen kann. Unser Abteil bleibt gangbar.

Zugbegleiterinnen und Zugbegleiter waren größtenteils beim Militär beschäftigt. Dort wurden sie gelehrt, absoluten Gehorsam zu leisten und gleichzeitig als Autorität aufzutreten. Nun arbeiten sie für knapp 2.800.000 Dong[2], ca. 104 Euro im Monat als Angestellte der staatlichen Eisenbahn. Sie selbst verkommt zu einem »Erinnerungsstück an den Fortschritt der einstigen Kolonialmächte«. Darüber sind sich alle einig, gleichfalls über die Frage der Freiheit: »Die haben wir noch nicht wie in Amerika. Aber bald wird es so sein.« Und um das zu erreichen, ist eines notwendig: tiền. Das magische Wort tiền, Geld, womit beinah jedes Gespräch startet und beendet wird. Um Geld zu erhalten, brauchen auch sie ein »Business.« Die meisten verdingen sich als Schmuggelhelfer. Sie vermieten zusätzlichen Lagerplatz in den Gängen der Waggons an mitreisende Händler.

---

[2] Laut Weltbank verdiente ein Vietnamese 2015 durchschnittlich 154 Euro monatlich. Zum Vergleich, 2015 verdiente man in Deutschland durchschnittlich 2700 Euro im Monat.

Manchmal werden auch die Zugbegleiter selbst zu Händlern. In Hanoi kaufen sie Ware aus China, um sie in Saigon mit beträchtlichem Aufpreis weiter zu verkaufen. Und auf dem Rückweg nehmen sie importierte Waren aus Thailand auf, um sie wiederum gewinnbringend in Hanoi an den Kunden zu bringen. »Niemand hindert mich, mein Unternehmen zu führen«, gibt der Zugbegleiter zu. Da stört es ihn auch nicht, dass er an den Zugführer ein wenig Provision zahlen muss. »Ein bisschen Schweigegeld«, schließlich ist das Personal für alles verantwortlich. Oft gilt es einen Streit zwischen den Fahrgästen zu schlichten oder sich, um eine gebrochene Waggonachse zu kümmern. Oder eine Schranke voraus ist nicht geschlossen. Alles ist legitim, sie sind die Hauptpersonen auf der Bahn, soviel zu tun, für ein mageres Gehalt.

Das Signalhorn dröhnt, das Achtungszeichen gilt allen, ob Mensch, ob Tier. Kreischende Räder, schwerfällig kommt der Zug ins Rollen. Wieder und wieder ertönt der schrille Ton aus dem Horn. Achtung, Achtung, der Zug hat immer Vorfahrt. Noch einmal schiebt er sich durch die Gassen der Altstadt, wo ich eben noch gegangen. Eine fliegende Händlerin schlängelt sich unter schwerer Last auf ihren Schultern an den Häuserwänden entlang und verschwindet in einem der Eingänge. Der Abschied von

Hanoi, ehemals gefürchtet von den französischen Kolonialherren, verflucht von den Invasoren der USA.

Auf dem Gang werden die letzten Gepäckstücke mit Waren in ihre Reiseposition geladen. Abermals wird über den Mietpreis verhandelt, nachverhandelt aus einer schlechteren Position heraus für den Mieter. Die Stimmung unter den Fahrgästen entspannt sich mit jedem Kilometer Gleisstrecke. Hanoi verschwindet aus unserem Sichtfeld. Bis dahin können die Schmuggler noch unangenehmen Besuch vom Zoll bekommen. Und auch sie wollen ihren Teil von der Beute. Das würde bedeuten, noch einmal schmieren, bis die Augen der Beamten wegsehen und noch einmal würde ihr Gewinn sinken. Noch einmal ist alles gut gegangen, vergessen ist China, der einstige Verbündete gegen die ungeliebten Kolonialisten, der sich immer mehr zum ungeliebten Nachbarn entwickelt. »Klar«, meint Siêu. »Maos Politik bestimmte fortan unser Leben.«

»Und bis heute sind viele dieser politischen Strukturen noch nicht verschwunden«, fällt der Professor ein. Der Student winkt ab.

Vietnam ist eine Entdeckungsreise, extrem lang gezogen und gebirgig von den Landesgrenzen Kambodschas und Laos bis zum Südchinesischen

Meer. Dazwischen liegt ein ehrgeiziges Land, wo die Menschen noch selbst ihren Weg suchen. Um dies zu begreifen, dient mir die Eisenbahn als Indikator, eine wunderbare Erfindung. Sie verbindet verschiedene Landschaften mit unterschiedlichen Menschen. Gedrängt auf wenige Quadratmeter Transportraum, zwangsläufig und zufällig. Aussuchen kann sich der Gast seine Mitreisenden nicht. Langsam kam er sich an das Neue gewöhnen, leicht sich vertraut machen.

Die Nordvietnamesen geben sich eher reserviert und konservativ. Aber hat man erst ihr Vertrauen gewonnen, sind sie oft angenehme Zeitgenossen. Ganz im Gegenteil zeigen sich ihre Landsleute aus dem Süden, offen und temperamentvoll, bleiben allerdings häufiger ein Leben lang oberflächlich. Gewinnen die zeitgenössischen Werte; Geld und materieller Reichtum die Oberhand, unterscheidet sich der Norden kaum vom Süden. Alle rücken mit der amerikanischen Wertegesellschaft gleich auf. »Und die globale Gesellschaft füttert diese Werte immer weiter an«, gibt der Professor hinzu. Lediglich beim Neid bemerkt man ein Gefälle, je weiter es uns in den Süden drängt, um so mehr wandelt sich der Neid auf die Besitzenden in Bewunderung für sie. »Reiche werden oft mit kaiserlicher Abstammung in Verbindung gebracht.« Da muss der Student schmunzeln. Für ihn liegt die Sache klar. Von Hanoi aus gesehen, liegt Saigon nicht nur im Süden, »vielmehr in der Zukunft.«

Vietnam, das ist eine mehr als tausendjährige Geschichte des Kampfes um seine Freiheit. »Der Kampf ist fast Tradition.« Ganz besonders hier am 17. Breitengrad können es die Menschen ermessen, was es bedeutet, in Frieden zu säen und in Frieden zu ernten. Allein im Amerikakrieg haben die Amerikaner hier so viele Bomben abgeworfen, dass jedes Haus, jeder Quadratmeter Erde sieben Mal zerstört wurde. Und dennoch haben es die Menschen geschafft, Fleisch und Reis an die Front zu liefern. »Unabhängigkeit und Freiheit, nichts war uns teurer.«

»War?«

»War? Damit gehen wir heute leichtfertig um. Freiheit, Unabhängigkeit, Frieden, verkommen zu Phrasen. Gute Worte, Lippenbekenntnisse einer frommen Welt. Mit diesen Worten können wir uns moralisch positionieren.«

»Nicht mehr?«

»Vâng, ja. Es ist erstaunlich, wie wenige Menschen für den Frieden kämpfen, solange nur aufgerüstet wird. Der Krieg nur als Begriff über uns schwebt.« Mag sein, scheinbar hat mein Gesprächspartner die Zuversicht verloren. Zugleich hat er auf alles eine Antwort, eine einleuchtende Erklärung. »Haben Sie doch ein wenig Vertrauen in die jüngere Generation, Herr Professor«, wirft Siêu von der unteren Liege ein.

»Vertrauen hat mehr Menschen getötet als Kriege«, gibt er zurück. Und ohne eine Reaktion abzuwarten: »Für Unabhängigkeit und die Freiheit haben wir gekämpft. Ein Geschenk an die Jugend. Das Ergebnis sind TPP usw. Ein Verkauf der eigenen Rechte und Mitbestimmung. Da wird kontrolliert, wie viel jeder produzieren und diktiert an wen, was und wie viel jeder verkaufen darf. Geheim wurde verhandelt und an Demonstrationen zur Forderung nach Aufklärung mangelte es. Stattdessen haben wir die Zitate von Onkel Ho völlig aus ihrem Zusammenhang gerissen, die Aussagen über freies kleines Unternehmertum als Begründung für dieses Handelsabkommen mit Amerika dankbar in uns aufgesaugt. Das hat nichts, aber auch gar nichts mit Verzeihen und schon überhaupt nichts mit Vertrauen und Freundschaft zu tun. Menschen, die ständig von Freundschaft sprechen, sind und werden meist keine. Vertrauen kann man nicht durch Handelsverträge kaufen. Vertrauen muss man sich verdienen.« Keine Reaktion, keinen Einwand. Das Rattern des Zuges über die Gleise übertönt die Stille. »Nur eins ist dumm«, merkt der Professor an, »dass unsere Ahnen am Altar keine Antworten mehr geben auf unsere Fragen. Selbst schuld werden Sie bemerken. Richtig, zu ihren Lebzeiten haben sie sich davor gedrückt. Dabei wussten sie die Antworten.« Heute ist es zu spät. Jene Erfahrungen müssen die jungen Leute, die heranwachsende Generation nun selbst durchleben und die Lehren aus ihren Fehlern ziehen. »Da habe ich Hoffnung. Es wird ein paar kluge Köpfe geben.«

»Meinen Sie, Herr Professor, dass genügend auf diese klugen Köpfe hören werden?«

»Aber ja. Da bin ich mir sicher.«

»Und was macht Sie das?«

Er grinst: »Da gibt es schon drei, die Ausländer auf den oberen Liegen und du. Alle haben sich an dieser Unterhaltung beteiligt, ihre Einwände und Zustimmung abgegeben.«

»Was bleibt uns anderes übrig«, gesteht Pete von oben.

»Ist auf dem Gang kein Platz mehr?« gibt der Professor zurück.

»So ist das gar nicht gemeint. Wenn ich nichts über die Vietnamesen wissen wöllte, dann hätte ich Erste-Klasse gebucht.« Die Entschuldigung von unten kommt sofort.

Gern sprechen die Vietnamesen nicht über Politik und schon gar nicht von allein, vor allem nicht mit Fremden. Paradox nur, gerade diese Menschen in einem Land, welches von sich behauptet, auf dem Weg zum Kommunismus zu sein, eignen diesem Thema wenig Bedeutung zu. Lediglich die Spottwitze über das marode Schienennetz, die volkseigenen Betriebe und Politiker werden gern und oft zum Besten gegeben. Und kaum sind sie erzählt, nimmt man die scharfe Pointe wieder zurück, ganz so schlimm sei es dann doch nicht, wenn die Züge langsam fahren. Man habe Zeit nachzudenken. Ein Land gebeutelt von ausländischen Joint Venture Unternehmen, bei denen Risiko und Ausbeute ungleich durch Knebelverträge verteilt sind, überzogen von Millionen Kleinkapitalisten und Kredithaien, welche es sich zum Ziel gestellt haben, auch den letzten Vietnamesen in ihre Abhängigkeit zu bringen und dabei nichts weiter zu verschenken haben, als dieses lässige Wort *Freiheit*. »Und die meisten nehmen dankbar an, in der Hoffnung, es wird besser«, kommentiert der Professor.

Derweil passieren wir den Bến Hải Fluss, beinah genau auf dem 17. Breitengrad gelegen, bildete die Trennlinie[3] zwischen Nord- und Südvietnam. Eine gute Fahrtstunde später rückt die einstige Kaiserstadt Huế in unser Blickfeld, die heute zum UNESCO-Weltkulturerbe zählt. Durch das Gangfenster sind bereits die Türme der *Chùa Thiên Mụ* zu sehen, eine Bastion der buddhistischen Studenten der Opposition während der Diệm-Regierung im Jahre 1963. Zur Abteilseite erhebt sich die 1968, während der Tet-Offensive schwer umkämpfte Zitadelle. Wir überqueren den Song Huong Fluss. Kurz darauf rollt unser Zug in den Bahnhof ein.

Bahnhöfe sind großartig, wahrhaftig, ein Vorbote. Die Menschen, die sie beleben, zwischen Abschied und Willkommen schwankend, der Vorgeschmack, was den Ankommenden erwartet. Sie lassen uns rasch

---

[3] Demarkationslinie zwischen der Republik Vietnam (Südvietnam) und der Demokratischen Republik Vietnam (DRV, Nordvietnam), fünf Kilometer breite entmilitarisierte Zone, deren Ursprung aus dem Abkommen der Potsdamer Konferenz vom Juli 1945 zur Teilung Vietnams herrührt.

entscheiden, mögen wir sie, wollen wir bleiben, andernfalls sofort wieder abreisen. Erst später, wenn wir durch das Eingangsportal schreiten, der Vorplatz sich ausbreitet, wie ein Teppich vor dem Kaiser ausgerollt, sind wir wirklich angekommen. Dann lassen wir uns ein, Prosit auf ein Neues. Kinder rufen zur Begrüßung: »Xin chào.« »Xin chào«, grüße ich zurück. Sie freuen sich, obgleich sie meinen Akzent belächeln. Einige Meter entfernt steht ein alter Kriegsveteran, von welchem Hùng, des Öfteren mein Reisebegleiter, Dolmetscher und Freund seit den letzten Tagen der DDR, sagt, jener stünde immer da, wenn er zum Bahnhof kommt. Der Veteran ruft jedem in Englisch zu, der auch nur wenige Meter an ihn herantritt: »Ich träume vom Frieden. Schauen Sie, wie weit wir heute damit gekommen sind.« Hùng meint: »Verrückt ist er, sagen die Leute.«

Auch meine Mitreisenden aus dem Abteil nutzen den Zwischenhalt, eine Schale Nudelsuppe auf dem Bahnsteig zu löffeln. Das gibt mir die Gelegenheit, Hùng zu erklären, dass ich gleich weiter reisen und auf dem Rückweg ein paar Tage in Huế verweilen werde. »Ein Kinderheim im Saigon willst Du besuchen«, wiederholt Hùng. »Und ich habe mich schon gewundert, warum du kein Gepäck dabei hast.« Kurzerhand organisiert er mir beim Zugbegleiter gegen ein entsprechendes Entgelt die Weiterfahrt nach Saigon.

Inzwischen quält sich die Lok den Deo Hai Van, den Wolkenpass hinauf. Diese langsame Fahrt nutzen etliche Vietnamesen, um auf den Dächern des Zuges ein paar Kilometer zu machen. Für den Reisenden ist es ein Spektakel. Eine weitere Grenze folgt, eine zwischen ostasiatischer und südostasiatischer Kultur, eine zwischen tropischen Süd- und subtropischen Nordklima. In unserem Abteil ist es ruhig geworden. Sicher, die Verdauung hat bei allen eingesetzt. Siêu und Pete sind über dem sanften Schaukeln des Zugs eingeschlummert. Der Professor starrt seit einer Stunde regungslos die Unterseite der oberen Liege an. Und ich sitze am Fenster, dämmere in die fliegende Landschaft.

Nächster Halt, Da Nang. Auf dem Bahnsteig sitzt eine alte Dame auf einem Klappstuhl, davor ihre Garküche. Sie bietet Pho Bo an, eine würzige Rindfleischsuppe mit Reisnudeln und Kräutern, vis-à-vis die Dame Măng cụt, Mangostan mit süßem weißem Fruchtfleisch und Rambutan, die feuerrote Frucht mit haariger Schale. Da Nang hat nichts zu bieten. Die größte Stadt Zentralvietnams steht im touristischen Abseits. Hier steigen die Reisenden aus, um die winzigen Orte in ihrer Peripherie aufzusuchen. Schon acht Kilometer südlich erheben sich fünf imposante, bewaldete Felskegel aus der Ebene. Ngũ Hành Sơn, wie die Vietnamesen die Berge der fünf Elemente, die Marmorberge nennen. Von dort aus hatten die FNL-Kämpfer einen uneingeschränkten Blick auf den Bãi biển Non Nước. Über mehr als 15 Kilometer erstreckt sich die Bucht, besser bekannt unter dem Namen China Beach, die Sonnenbank der Amerikaner, Richtung Süden. Dort hingen die kriegsmüden GIs ab, gingen auf die Pirsch nach einer der leichten Frauen, betranken sich oder versuchten zur Besinnung zu kommen. Zwischen 1966 und 1968 lagen mehr US-Truppen vor Da Nang als woanders im ehemaligen Indochina. China Beach, der südlich angrenzende Strand Cửa Đại und der Hafen dienten den Amerikanern ebenso als Einfallstor nach Vietnam wie zuvor den Cham im 2. Jahrhundert, den Portugiesen 1535 und den Franzosen 1847. Die weit auslaufenden Buchten liegen günstig vor den hohen, bewaldeten Bergen. Nicht nur militärstrategisch, auch handelstechnisch zählte die Gegend, besonders der Hafen von Hoi An zu den führenden Warenumschlagplätzen im südostasiatischen Raum. Zwischen dem 16. und 18. Jahrhundert gleich bedeutend wie Malakka und Macau. Hoi An, bis zum Ende des vergangenen Jahrhunderts ein Geheimtipp unter Individualreisenden, ist heute das Touristenhighlight schlechthin. Verschwunden sind die romantischen Gassen der idyllischen intimen Atmosphäre, vor lauter Shoppingcenter und Eventparks hat der Ort seinen einstigen Charme verloren.

Es wird stiller, seit die Sonne dem Tag: *Lebe wohl* sagt. Bald werden die Stimmen, die vom Gang ins Abteil drängen, vom Geratter der Schienen übertönt. Noch einmal verlässt der Australier, der nicht mehr gebückt auf der oberen Liege verharren mag, unser Abteil. Ich höre ihm nach, vernehme seine zarten Versuche, vietnamesische Sprachbrocken anzuwenden. Ein netter Kerl, denke ich. Von unten schnarcht es leise. Der Zug schaukelt durch die Nacht.

Der Zug rappelt, kommt abrupt zum Halt. Phan Rang, früh am Morgen sind die Reisenden noch in der Minderheit. Mag sein, die Stadt, Heimat der sunnitisch-muslimisch Gläubigen Cham, bietet wenig Attraktionen, lediglich genutzt zur Durchreise nach Da Lat. Der einstige Kurort für Beamte und Soldaten erbaut im französischen Stil, ein wenig herrschaftlich, ein bisschen provenzalisch, wie er sich auch in den Vogesen befinden könnte, eingehüllt in beinah europäisches Klima.

Das Land wird flacher, die letzten einhundert Kilometer vor Saigon. Von Weitem betrachtet, liegen die Dörfer, die kleinen Ortschaften immer in einer Idylle. Sie umringt ein Schleier des Unwissens. Was geht in ihnen vor? Nichts berührt den fernen Betrachter, alles gibt sich oberflächlich. In diesen Momenten glaubt man, das Paradies ist zum Greifen nah, doch der Zug rollt vorbei. Dort scheint die Weise, der Ruhe und Gelassenheit zu wohnen. Für die Bewohner beginnt ein Tag wie jeder andere um 4 oder 5 Uhr morgens. Da lässt die Erde Reispflanzen gedeihen, grün schimmernd, angestrahlt vom ersten Licht des Tages. Das ist etwas Greifbares, was den Hunger stillt, wenn die Menschen es mit ihren Händen hegen. Sie schaffen gemeinsam, jeder kennt jeden und an ihren Geheimnissen, Sorgen und Nöten, Freuden und Herzlichkeiten nimmt das gesamte Dorf teil. Dem fernen Betrachter entgeht das. Er sieht nicht die Falte auf der Stirn, erkennt nicht das Lächeln eines Mundes, ihm bleibt die Langsamkeit ihrer Bewegungen, die Sicherheit ihrer Gangrichtung. Er erblickt den großen und den kleinen Menschen, doch sein Alter, sein Ich bleibt ihm verborgen.

Wie groß müssen der Enthusiasmus und ihre Opferbereitschaft nach der Befreiung von ihren Besatzern gewesen sein, als diese Menschen sich eine neue, friedliche Heimat aufzubauen suchten. Noble und edle Ziele hatten sie vor Augen. »Dem Egoismus wollten wir den Garaus machen«, bekräftigt der Professor. Sicher konnten die Vietnamesen viele ihrer schrecklichen Kriegserlebnisse, als Antrieb in Kraft für einen Neuanfang wandeln. Es galt aus verbrannter Erde, neue Halme zu ziehen. Doch den ehemaligen Invasoren gelang es mit der Kraft ihrer Verbündeten, ein mögliches Wunder zu verhindern. Es folgte ein Wirtschaftsboykott. »Nicht nur, dass wir jede weltgeschichtliche Bedeutung verloren. Không, nein, wir wurden eines der rückständigsten Entwicklungsländer der Erde.«

In den Anfangsjahren des vereinten Vietnams konnten streckenweise kaum die Grundbedürfnisse gedeckt werden. Der Fleiß der Vietnamesen kannte keine Ruhe, doch der wirtschaftliche Aufschwung wuchs nicht so schnell wie die materiellen Bedürfnisse der Bewohner. Die Kollektivierungsversuche und der industrielle Aufbau bescherten zwar anfängliche Erfolge, wurden allerdings mit kriegsrevolutionären Methoden vorangetrieben. Der Aufschwung verlief schleppend. »Mit veralteter Technologie und geringer Produktivität lässt sich kein

Sozialismus bauen. Kommt dazu noch ein sich nicht reformierwilliger Führungsapparat, ist eine Zersetzung der Gesellschaft unausweichlich.« Der Nachholbedarf wurde ausgelotet, so versuchte die Partei, ein Abdriften von ihrem großen Ziel, mit den Beschlüssen des 6. Plenums des ZK im August 1979 entgegen zu wirken. In der Landwirtschaft wurden Kooperationen gebildet. Man gab den Bauern mehr Freiheiten, »beispielsweise ihre Mehrerträge zu verkaufen. Das Plansoll war vom Staat so angesetzt, das eine Übererfüllung zur Regel wurde. Gleichzeitig übernahm er auch die großen Risiken. Bei Naturkatastrophen sorgte er für Hilfsleistungen und fror das Plansoll ein.« Und der Erfolg gab ihnen recht, die Produktion steigerte sich spürbar. Allerdings förderten diese Maßnahmen auch individuelle Wünsche Einzelner zutage, was gleichzeitig die Verantwortung gegenüber der Gesellschaft senkte. Es mangelte an qualifizierten Führungskräften, sie gingen einher mit kleinen Korruptionen unter mittleren Kadern. Unehrlichkeit, falsche Lagedeutungen paarten sich mit einer Unfähigkeit, Kritik zu akzeptieren und konsequent gemeinwirtschaftliche Ziele zu verfolgen. »Diese alten Stalinisten blockierten alles«, meint Siêu.

»Da hast du nicht ganz unrecht«, gibt der Professor zu. »Obgleich, Eigennutz zu betreiben, ist kein Phänomen stalinistischer Systeme. In totalitären Systemen wie dem Faschismus oder eben dem Stalinismus[4] wird ein Gemeinschaftssinn erschaffen, wo der Einzelne nichts bedeutet und der Eigennutz einer kleinen Elite vorbehalten bleibt. Das ist allerdings nur so lange möglich, solange die mittlere Führungsriege das System am Laufen hält und es genügend Mittläufer gibt. Eigennutz ist weniger an Systeme gebunden, den gibt es in allen Gesellschaftsordnungen, in allen Vorläufern und dem Feudalismus selbst, dem Kapitalismus und auch dem Sozialismus, vielleicht nicht im Kommunismus. Das hoffe ich jedenfalls. Wissen tue ich das nicht. Schließlich hat es ihn noch nie gegeben. Und außerdem, wer nimmt sich schon gern ausschließlich das, was er notwendig braucht.«

---

[4] Stalinismus: Die Hochzeit hatte der Stalinismus von 1923 bis 1956 in der Sowjetunion. Das Tauwetter während der Chruschtschow Ära brachte anfängliche Aufarbeitungen der Stalinzeit, doch wurde hier nicht konsequent gearbeitet. Der Stalinismus, welcher für Vietnam Bedeutung fand, liegt in der Ära Breschnew. Breschnew führte eine Partei und Regierung, welche mit Kräften ausgefüllt waren, die Positionen, Lücken besetzten, welche durch die große stalinistische Säuberung bis 1940 entstanden. vgl. Rogowin

»Aber ja, Herr Professor, Tiere jagen auch nur so viel, wie sie zum satt werden brauchen.« Gelächter erfüllt unser Abteil. Vielleicht darum, weil wir ungern mit Tieren auf einer Stufe stehen. Vielleicht auch nur, weil Siêus Bemerkung so absurd klingt, aber gleichzeitig die gesamte Lage des Menschen in einem Satz vereint.

»Hm, zurück zum Stalinismus. Für mich ist eine der Hauptursachen für das Scheitern des sozialistischen Aufbaus, das Folgekader weniger nach ihren Fähigkeiten, mehr nach ihrer Parteizugehörigkeit beurteilt und ausgewählt wurden. Das gilt für den gesamten Ostblock. Auch ein Grund dafür, weshalb es drei Jahre später zum innerparteilichen Streit kam.«

Inzwischen gab es auch mit China Unstimmigkeiten, die Fördergelder an Vietnam wurden geringer. Zu dieser Zeit sah sich die Führung Vietnams veranlasst, mit dem Internationalen Währungsfonds über Kredite zu verhandeln. Doch die Länder, welche ihn stützten, forderten die üblichen kapitalistischen Reformen; Abschaffung der Planwirtschaft, schnelle Investitionen in weite Bereiche der Industrie, vor allem in die Herstellung von Exportgütern. »Das war für uns nicht annehmbar. Unser Ziel der Aufbau des Sozialismus stand außer Frage. Für uns galt es vor allem, die immer noch auftretenden Nahrungsmittelengpässe zu beseitigen. Der 5. Parteitag[5] 1982 drohte zu eskalieren. Zu groß waren die Meinungsunterschiede. Ein ehrlicher Parteitag, vor allem lebte er von Selbstkritik und guten Ideen. Bedauerlich nur, dass danach beinah 100000 Vietnamesen aus der Partei ausgeschlossen wurden. Ein grober Fehler.«

»Diese Auflehnung war doch richtig. Gegen Planwirtschaft und die vielen anderen Zwänge. Freiheit ist doch das Wichtigste«, bemerkt Siêu.

»Wenn du dich der Begierde hingibst, lebst du nur von Illusion.«

Dennoch auf dem 5. Parteitag wurden viele sinnvolle Maßnahmen und Reglungen getroffen, um einen ähnlichen Fortschritt in Industrie und Handwerk zu erzielen, wie zuvor in der Landwirtschaft. Vor allem sollte die Effektivität gesteigert werden. Dazu gab die Parteiführung sogar den dort arbeitenden Menschen mehr Entscheidungsfreiheit, was gleichzeitig mehr Verantwortung für den Einzelnen bedeutete. Leider scheiterten diese Vorhaben an der Umsetzung, an unzulänglichen Institutionsmitarbeitern, inkompetenten Betriebsräten und Führungskräften. Bei manchem breitete sich der Eigennutz aus und andere begriffen den Sinn dieser Maßnahmen erst gar nicht.

---

[5] Der 5. Parteitag fand vom 27. – 31. März 1982 in Hanoi statt. vgl. DGA, Asien

Bis 1986 waren die Nahrungsmittelengpässe nicht gänzlich beseitigt. Michael Gorbatschow öffnete bei seinem Besuch in Paris den Weg in Richtung Westen. In der Sowjetunion erschienen erste kommunistisch kritische Bücher. Dann brach das Wertesystem des Ostblocks zusammen. Schlagartig stellte die Sowjetunion, 1990 auch die DDR ihre Entwicklungshilfen ein. Die zuverlässigsten Partner Vietnams fielen aus. Zwar hatten die Vietnamesen durch ihre Đổi Mới Politik, beschlossen auf dem 6. Parteitag 1986, entgegenzusteuern versucht, doch immer noch wog das Wirtschaftsembargo des Westens schwer. Davon bekamen die Bürger des *fortschrittlichen* Westens kaum Kenntnis. Zum eine lebte auch der Journalismus größtenteils von kolonialistischen Ansichten[6], zum anderen überschlugen sich zwischen 1989 und 1991 die Ereignisse in Europa selbst. Ein Teufelskreis, der Vietnam zwang, das eben errungene kostenfreie Gesundheits- und Bildungswesen für jeden Bürger wieder aufzugeben. Fortan wird an wirtschaftlichen und individuellen Interessen Einzelner gemessen. Der Müßiggänger bestimmt das Prinzip der Solidarität, die Gemeinschaft wurde eingestampft.

---

[6] stellvertretend sei hier Peter Scholl-Latour mit seinen Büchern: Der Tod im Reisfeld (1980) und Koloss auf tönernen Füssen (2005) genannt

Die Durchsage im Zug: *In wenigen Minuten erreichen wir Ho-Chi-Minh-Stadt ...,* holt uns in den Tag zurück. Im Gang herrscht Aufbruchsstimmung, Gepäck und Waren werden in Richtung der Ausgänge verschoben, neu organisiert, ankommen in der Stadt der Zuversicht. Der eigene Kram tritt in den Vordergrund.

»Wo ist meine Zahnbürste«, fragt Pete.

»Hat jemand mein Handtuch gesehen«, gibt Siêu zurück.

Ich stopfe meine Trinkflasche und den Reiseführer in den Rucksack, und der Professor kehrt die Krümel aus seiner Liege. Noch einmal ächzt der Zug, die letzte Kurve, letzten Meter, Saigon, wir kommen, *eine Zukunft zum Anpacken,* wie Siêu zu Beginn unserer Reise bemerkte. Ein Zerren, ein Drücken, alles drängt hinaus. Die Hitze aus dem Zug mischt sich mit den Gerüchen der Garküchen auf dem Bahnsteig. Die träge Menschenmasse schiebt sich durch die Empfangshalle, mengt sich unter die Saigoner, verschwindet in der Anonymität. Das lautstarke Knattern und unentwegte Hupen der unzähligen Mopeds übertönt den Müßiggang des Reisenden. Von nun an ist jeder von uns wieder auf sich selbst gestellt. Ist es das, was jeder Mensch anstrebt? Willkommen in der Stadt des Wirtschaftsbooms. Willkommen in Saigon.

Pete ist verschwunden, den Professor entdecke ich noch auf der gegenüberliegenden Straßenseite. Erst jetzt bemerke ich, er zieht sein linkes Bein etwas nach. Noch einmal hebt er die rechte Hand, will er etwas sagen. Er hat niemanden hier in Saigon. Nur warum schleppt er die beiden Beutel mit allerlei Kinderkram mit sich herum. Wir werden und wiedersehen, denke ich.

Siêu klopft mir auf die Schulter: »Bye-bye«

»Bye-bye«, antworte ich.

Dabei sind wir gerade erst angekommen.

auf dem Đèo Hải Vân, dem Wolkenpass,

im Vordergrund die Überreste eines Bunkers

Đổi-Mới-Express im Bahnhof von Huế

mit der Bahn durch Vietnam

Kathedrale »Notre Dame« in Saigon

»Nur noch unendlicher Ozean und Himmel.
Ach Onkel, verstehst du, was dieses Kind fühlt …
In diesem Augenblick sehne ich mich zutiefst
nach Mutters tröstender Hand.«
Dang Thuy Tram (1943 – 1970)

Immer ist es das alte Lied

Gespräch mit Professor Tuê Van Nguyễn in Saigon

»Komm zu mir, drück meine Hand, erfahre von meiner Einsamkeit und gib mir die Liebe, die Kraft, den gefährlichen Weg vor mir bis zum Ende zu gehen«[7], murmelt Tuê Van Nguyễn, pensionierter Professor für Geschichte und Politikwissenschaft aus Hanoi. Seit 35 Jahren ist er nicht mehr im Süden gewesen, seither ist er niemals nach Saigon gereist. Nie hatte er den Mut

---

[7] Dang Thuy Tram, S. 312

aufgebracht, sich seiner Vergangenheit zu stellen, zurückkehren an den Ort seiner Jugend, dahin, wo ein Leben totgeschlagen und gleichzeitig ein neues zu erblühen begann. »Der Kanonendonner ist verstummt, die Kriege sind zu Ende, auf dem südostasiatischen Kontinent herrscht vermeintlich Frieden.«

Nun sitzt er hier in dieser Stadt, aus welcher er 1976 fortging, in diesem Restaurant, welches schon lange vor Ende des Krieges seine Gäste mit Speisen und Getränken verwöhnte. Tuê Van Nguyễn bestellt einen Zitronensaft mit Eisstücken, so wie seine Mutter ihn gern trank. »Ich stamme aus einer armen Bauernfamilie. Meine Familie, das waren die Großmutter, meine drei älteren Schwestern, mein Vater, meine Mutter und ich. Ich bin das Jüngste der Kinder, der Nachzügler. In meiner Familie gab es keine revolutionäre Tradition. Wir dingten uns bei jedem an, der uns Essen und ein Dach über die Köpfe verschaffte. Die Muttererde bot nicht genug Land für jedermann. Das Vaterland nicht genug Halt. Wir taten, was die meisten Leute pflegten, einfach durchkommen, sich durchwursteln, wie ihr bei dir zu Hause sagt. Teilen galt dem einzigen Zweck, einen kleinen Vorteil gegenüber dem anderen zu erzielen. Und gab es dann doch einen Menschen, der aufbegehrte, gegen das Unheil der Unterdrückung der Vietnamesen, er versuchte über Menschen zu richten, hassten ihn die Leidenspartner. Das änderte sich erst 1945 mit der Gründung der Demokratischen Republik Vietnam[8]. Immer mehr Menschen Südostasiens schöpften Hoffnung auf bessere Lebensbedingungen. Der Umschwung war zum Greifen nah. Nur Hoffnung allein bewirkt nichts. Mit Verstand fängt man die Menschen nicht, mit einem Feuer der Emotionen im Herzen, damit ja. Dem bloßen Wort allein glauben die Leute nicht. Sie müssen vor allem selbst erst leiden. Zu dieser Zeit lagen bereits mehr als 50 Jahre Unabhängigkeitskampf gegen die französischen Kolonialisten hinter uns Vietnamesen. Doch die alten Mächte kehrten zurück und wurden trotz amerikanischer Unterstützung ein weiteres Mal geschlagen, in Điện Biên Phủ 1954. Unberührt von dieser Niederlage, preschten sie ein drittes Mal durch unser Land. Sie kamen förmlich über uns. Diesmal wollten es die Amerikaner selbst in die Hand nehmen. Und sie kamen mit der Überheblichkeit des Unbesiegbaren, uns kann keiner was, wir sind die

---

[8] Demokratischen Republik Vietnam: DRV (Nordvietnam), gegründet am 2. September 1945

Guten. Unerfahren und jung, vor allem die aus armen Schichten stammenden Soldaten glaubten an den schnellen Sieg über uns Sandalenkrieger[9]. Präsident Eisenhower wollte mit Vietnam ein Exempel statuieren. So okkupierten die USA unter Missachtung des internationalen Abkommens[10] von Genf den Süden und sorgten dafür, dass die anberaumten freien Wahlen[11] nicht stattfanden. Sie bombardierten unser Land. So kam der Krieg auch in unser Dorf.«

Der Professor nippt an seinem Zitronensaft, stochert zuweilen an den Eiswürfeln herum. »Ich wurde im Frühjahr 1957 geboren. Ich muss so 10 oder 11 Jahre gewesen sein. Die Dorfleute bevölkerten die Reisfelder. Jede

---

[9] Sandalenkrieger ist ein Begriff aus der US-Propaganda, welcher durch die schlichte Kleidung, *schwarzer Schlafanzug und Sandalen, meist aus Fahrzeugreifen hergestellt,* der Vietnamesen entstand.
[10] Die internationale Konferenz fand am 20./ 21. Juli 1954 in Genf statt. Unter anderem wurde dort die Teilung Vietnams am 17. Breitengrad beschlossen.
[11] Die freien Wahlen, welche durch die Genfer Konferenz auf den Juli 1956 anberaumt waren, finden nicht statt. Stattdessen setzt Ngô Đình Diệm Premierminister Kaiser Bảo Đại ab und ernennt sich selbst zum Präsidenten Vietnams. Die Genfer Beschlüsse und freie Wahlen lehnt er ab. Die USA unterstützt seine Entscheidung.

verfügbare Arbeitskraft pflanzte Setzlinge in das frisch überschwemmte Land. Es war einer der schönen Sommertage, die zum Dösen, zum Träumen einladen. Die Sonne stand hoch, als die Bomber niederkamen aus ihrem Zentrum, viel zu spät wurden sie erkannt. Das ganze Dorf, mein Vater und meine drei Schwestern starben im Bombardement eines Vormittags. Das war der Tag, als Mutter mich das einzige Mal von der Schule abholte. Sie hatte nichts weiter dabei, als das, was sie am Körper trug, die Besorgungen aus der Stadt und unser Familienfahrrad. Ich erkannte sie sofort, als wir Schüler aus der Schule strömten. Da stand ich, kurz behost und dem weißen Hemd, lässig über die Hose geschlagen. Mutter habe ich seither nie mehr ehrlich, herzlich lächeln gesehen. Die sonst so lebenslustige Frau wurde aber nicht verbittert. Sie hatte einen Plan. Wie ich später mitbekam, hatte sie einen für sich und einen für mich. Wir reiten uns in den Tross der Flüchtlinge ein, schliefen in Straßengräben an Reisfeldern, die von Granateinschlägen zerrissen. Morgens drückte sie mich. Das spüre ich heute noch oft. Diese Wärme … Tagsüber gingen wir, ich zuweilen sitzend auf unserem Fahrrad. Unser Ziel war Saigon.

Mutter war allein mit mir. In Saigon fanden wir bei Leuten Unterschlupf, die wir nicht kannten. In den ersten Wochen ging ich nicht zur Schule. Mutter ging früh aus dem Haus und kehrte anfangs am Nachmittag, später zog sich ihre Rückkehr bis Mitternacht hin. Sie organisierte ihre Arbeit und beschaffte uns etwas zu Essen. Derweil beschäftigte ich mich mit der Hausarbeit und dem Lesen. Mutter sagte immer, ich solle das tun, da falle mir der Wiedereinstieg in die Schule nicht so schwer. Und ich wollte auch wieder gehen und freute mich riesig auf den Tag. Also tat ich, was Mutter verlangte. Eigentlich kommt man jedes Jahr in eine neue Klassenstufe. Doch ich verpatzte die Prüfung und drehte eine Ehrenrunde. Ein paar Monate später hatte ich dann den Anschluss wieder. Von da an lief alles glatt. Wir richteten uns ein, so wie wir es immer taten. Mutter arbeitete für jeden, der ihr Arbeit bot und sie dafür angemessen bezahlte. Mir schien, dass wir wieder glücklich waren, wenn man das so nennen darf in Zeiten des Krieges. Wir kannten es nicht anders, schließlich was immer Krieg. Großväter, Großmütter, Vater, Schwestern und Mutter, alle waren im Krieg geboren, fast alle Verwandten kannten den Frieden nicht.«

Frankreich führte diese Kriege, um Territorien zu okkupieren, Länder zu kontrollieren, Bodenschätze, billige Nahrungsmittel und Arbeitskräfte auszubeuten. Das war der letzte Krieg der alten Kolonialmächte. Mit dem Eingreifen der USA änderte sich alles, besonders sein Charakter, *bei dem es nicht mehr um die Eroberung von Ländern ging, sondern um einen weltweiten ideologischen und militärischen Machtkampf, der mit dem Verschwinden des sozialistischen Lagers und der aufkommenden Globalisierung*[12] einherging. Die neuen Kolonialmächte modernisierten den Krieg, dessen einziges Ziel die Errichtung und Wahrung der Weltvormachtstellung ist. Sie definierten die Bedeutung des Wortes Krieg neu. Die neue Heiligkeit, die Globalisierung, welche mehr auf wirtschaftliche als auf menschliche Werte fußt, galt es durchzusetzen. »Dazu bedienten sich die Amerikaner einer Strategie aus dem Zweiten Weltkrieg, die Hitler bereits an Leningrad versuchte; mürbe machen, auslaugen, aushungern.« Eine Strategie, die später im Wirtschaftsboykott der westlichen Welt gegenüber Vietnam gipfelte. »Sie bombardierten unser Land. Und wir Vietnamesen kämpften. Wir hatten nichts zu verlieren. Wir kämpften nicht, um zu gewinnen. Durchhalten blieb unser Ziel. Und wir fanden unsere Kraft im uneingeschränkten Rückhalt der Einheimischen. Schon frühzeitig, 1960 organisierte sich die Nationale Befreiungsfront, FNL. Da waren alle dabei, Demokraten,

---

[12] Giesenfeld: Land der Reisfelder, S. 235

Sozialisten und Kommunisten, Arbeiter, Bauern und Mönche, Schüler, Studenten und Intellektuelle, ethnische Minderheiten, sogar Sekten. Jeder von uns hatte nur einen Wunsch – Frieden. Bereits drei Jahre später kontrollierten sie über die Hälfte Südvietnams. Und die Amerikaner bombardierten unser Land immer massiver, immer rücksichtsloser. Kaum eine Nacht verging ohne das Brummen der Flugzeugmotoren, das Pfeifen der Bomben.«

Tuê Van Nguyễn blickt aus dem Fenster, nippt an seiner Zitronenlimonade. Händler schleppen ihre Waren kreuz und quer über die Straße, Paare spazieren eng umschlungen, dazwischen Polizisten und Touristen. So muss es auch damals gewesen sein, nur mit mehr Soldaten. Im Januar 1969 hatte sich die provisorische Revolutionsregierung[13] gebildet und traten kurz darauf in die Pariser Friedensgespräche[14] ein. Die Vietnamesen schöpften Hoffnung auf ein baldiges Ende aller Aggressionen. »Uns ging es zunehmend besser. Mutter und ich bezogen eine größere Wohnung ein paar Straßen weiter. Ich bekam sogar ein

---

[13] Die provisorische Regierung wurde durch den Vietcong repräsentiert.
[14] Die Pariser Friedensgespräche fanden im Januar 1969 statt.

eigenes Zimmer. Alles eingerichtet mit Möbeln aus der verflossenen Kolonialzeit. Und unsere Essensvorräte verbrauchten wir bis zum Ende des Monats kaum noch.

Dann kam der Tag. Ich erinnere mich ganz genau, im Sommer 1969. Ich hatte Mutter vergessen zu sagen, dass die Schule früher zu Ende war. Also flanierte ich durch die Straßen, nahm einen weitläufigen Umweg nach Hause. Dort drüben stand ich und blickte hier hinüber. Wie heute standen die Tische draußen aufgebaut. Da sah ich Mutter herzlich und beschwingt mit einem höherrangigen amerikanischen Soldaten plaudern. Mutter bemerkte mich sofort, gab mir eine unmissverständliche Geste, ich solle verschwinden. Dann änderte sich alles. Vorerst kam der Amerikaner immer häufiger zu uns nach Hause. Es folgten erst wechselnde Bekanntschaften und bald gingen die Amerikaner bei uns ein und aus. Mutter sprach nie über diese Begegnung im Café, erklärte nichts über ihre Arbeit. Nie! Es kam, wie es kommen musste. An einem Morgen kam sie in mein Zimmer und sagte nur: *Onkel Ho ist tot.* Das passt nicht zu Mutter, dachte ich damals. Und trotz, dass sie mich ermahnte, das sofort zu vergessen, hat sich dieser Satz in mein Gedächtnis eingebrannt. Wir packten ein paar Sachen für mich zusammen. Dann liefen wir schweigend durch die Straßen, in Gegenden, wo wir zuvor niemals gewesen. Sie klopfte an eine Tür. Ein kräftig, drahtiger Mann, mittleren Alters öffnete uns. *Kommt herein*, sagte er und legte dabei seinen Finger auf seine Lippen. Es schob uns in ein kleines Zimmer im Keller des Hauses. Er sprach leise, zeigte sich freundlich, gab sich ehrlich, ganz anders als die Leute, die Mutter sonst kannte. Sie wechselte mit ihm ein paar ernst klingende Worte. Ich verstand nichts von alledem. Dann drückte und küsste sie mich, drückte den Fremden die Hände und verschwand. Ich blieb allein …

Immerhin, ich ging wieder regelmäßig zur Schule und lernte, saugte alles Wissen auf, welchem ich habhaft werden konnte. Und nachmittags hatte ich meine Spielgefährten. Dennoch blieb ich immer ein Außenseiter. Die anderen waren anders. Da war Tay, das lebensfrohe Mädchen ohne Beine. Abgetrennt durch Granatsplitter. Da war Lu, der jedem die Hausaufgaben erledigte, einäugig, seit sein Zuhause während eines amerikanischen Luftangriffes ausbrannte und seine Eltern beerdigte.« Tuê Van Nguyễn berichtet von Kindern, gehbehindert durch amerikanische Gewehrsalven, von Kindern, denen Tretminen den Unterleib zerfetzten, von Kindern mit Bauchschüssen und Kindern mit abgerissenen Armen, ausgeschlagenen Zähnen, verstümmelten Händen. Er erzählt von

Rollstühlen aus Fahrrädern gebaut, von Stuhlbeinen und Eisenrohren umfunktioniert zu Beinprothesen. »Ich gehörte nie richtig dazu. Und irgendwann sprach sich auch meine Herkunft herum. Kinder können so grausam sein.« Nur der Fremde schlichtete jeden Streit der Kinder, ergreift Partei für ihn. »Wir lernten uns näher kennen. Mit der Zeit wurden wir vertrauter. Und irgendwann erwähnte er den Ho-Chi-Minh-Pfad, seinen Schicksalsweg. Er berichtete von Luftangriffen, von Schießereien, vom Pfeifen der Granaten vor dem Donner des Einschlages, erzählte von den Schreien danach, vom Leichengestank, der die Erde tagelang beatmete. Jeder Vietnamese schultert noch heute sein Bündel aus allen seinen Kriegen, nicht nur dem Amerikanischen. An den Krieg haben wir uns alle nicht gewöhnt. Aber daran mit ihm zu leben? Không, nein, jeder vernünftig denkende Mensch liebt den Frieden, egal, wo er lebt. Wir nannten ihn Thắng, was so viel wie Sieg bedeutet. Jedes Mal, wenn er von seinem Hin und Her auf dem Ho-Chi-Minh-Pfad zurückkehrte, brachte er zwei oder drei Kinder mit. Er schenkte ihnen Hoffnung. Er erfüllte sie mit Stolz, die ihm Kraft für sein *Abenteuer des Lebens* gab, wie er oft betonte. Über die Amerikaner erzählte er nie etwas, waren sie in Saigon doch überall präsent, haben sie doch verstanden, hier lebende Vietnamesen um den Finger zu wickeln. Hatte er doch eingesehen, sobald man Menschen versucht zu richten, werden sie dich hassen. Nur einmal, er kehrte niedergeschlagen zurück, sagte er, *feige seien sie gewesen*, als man sie gefangen nahm. Sie plauderten, ohne, dass sie gefoltert werden mussten. Aber als sie merkten, die Folter war nicht unser Ziel, in diesen Momenten fiel ihnen die Genfer Konvention ein. Natürlich bekamen sie nicht mehr zum Essen als wir selbst - klebrigen Reis. Ja, sie bombardierten unser Land, bis sie 1973 unser Land verlassen mussten. Sie hatten hier nie etwas zu schaffen.

Am 30. April 1975 wurde Saigon befreit. Ihre Hinterlassenschaft der Marionetten-Herrscher[15] machte sich davon, floh aus Saigon mit Flugzeugen vollgeladen mit Gold.« Formal war der Krieg mit der Unterzeichnung der Kapitulationserklärung durch General Dương Văn Minh zu Ende. Und während die Antikriegsbewegung der westlichen Welt noch mit den Vietnamesen solidarisierte, zog sie es wenig später vor, den totalen Wirtschaftsboykott der Amerikaner zu unterstützen.

Letzteres ist vor allem dem Ausmaß der westlichen Berichterstattung über das ehemalige Indochina und dem Fluch des drohenden

---

[15] Nguyễn Văn Thiệu (1923 – 2001)

Kommunismus geschuldet. Daniel Smith, Oberst der US-Armee im Ruhestand, charakterisierte sie später als *Washingtoner Rhetorik*[16]. Als erstes Ergebnis darf die Wiederwahl Nixons 1972 gewertet werden, worauf das Weihnachtsbombardement stattfinden konnte, einem der schlimmsten Terrorakte der USA, dem noch viele in anderen Ländern folgen sollten.[17]

Seit Vietnam lässt sich ziemlich genau bestimmen, unter welchen Voraussetzungen jeder Krieg, den die USA jetzt oder in Zukunft führen, fast unausweichlich in den Quagmire mündet: die Weigerung und Unfähigkeit (meist beides), die Situation in fremden Ländern jenseits einer rein militärischen Sichtweise zu analysieren, die ideologische Blindheit, Tatsachen zur Kenntnis zu nehmen, die nicht ins eigene Weltbild aus der Perspektive der unbesiegbaren Großmacht passen und eine tiefe Verachtung allem gegenüber, was nicht den eigenen, teils neoliberalistischen, teils christlich-fundamentalistischen Wertevorstellungen entspricht.[18] Während Kissinger als Geburtshelfer einer zynischen, moralisch skrupellosen Politik gilt, darf man Nixon für den

[16] Col. Daniel Smith (Ret.) »The rhetoric from Washington seems as distant from what is happening on the ground in Iraq today as it was during the Vietnam War …«, Institute for Policy Studies, Iraq: Descending into the Quagmire, 1. Juni 2003, http://www.ips-dc.org/iraq_descending_into_the_quagmire/
[17] vgl. Giesenfeld, Land der Reisfelder, S. 243-245
[18] ebenda S. 245

beginnenden Niedergang der amerikanischen Demokratie verantwortlich zeichnen. Dessen Nachfolger, besonders Ronald Reagan, George und George W. Bush, ihm in Wort, vor allem in ihren Taten keineswegs nachstanden.[19]

»Und wir waren trunken vom Sieg, gelähmt, unfähig uns weiter zu entwickeln. Es war die Zeit voller Enttäuschungen. Den Frieden, den Sieg konnten wir kaum genießen. Er wurde uns vorenthalten, ganz bewusst und von außen. Die vordringlichsten Aufgaben des jungen Staates, die Ernährung und gesundheitliche Versorgung der Bevölkerung kam ins Stocken. Viele krochen aus ihren Löchern, krempelten die Arme hoch, packten an. Man brauchte viel Fantasie und Kraft, um den Alltag zu bestehen. Natürlich, die Regierung konnte der Mehrheit der arbeitenden Bevölkerung nicht sofort Arbeitsplätze verschaffen. Es galt also, viele auf das Land zur Nahrungsmittelproduktion umzusiedeln. In kürzester Zeit richteten sich die Menschen wieder ein, passten sich an. Die kleinen Geschäfte, die Schachereien lebten auf, erblühten die Schwarzmärkte. Prostituierte boten ihre Dienste an. Die revolutionären Tätigkeiten wurden abgelöst durch einen neuen Neokolonialismus. Die Gesellschaft war

---

[19] vgl. Safire, S. 167f. und Hitchens, S. 16.

korrumpiert. Auf einmal spalteten sich die Menschen wieder in ihre alten Gruppen auf, die zuvor in der FNL zusammen kämpften. Es entstanden unter anderem Organisationen wie Phuc Quoc[20], deren einziges Ziel es war, das vietnamesische Volk vom Joch des Kommunismus zu befreien.«

Tuê Van Nguyễn hält inne, versinkt einen Augenblick in seinen Gedanken. Er blickt aus dem Fenster, trinkt einen Schluck Zitronenlimonade und fährt fort. »Vielleicht war es das, was Eisenhower meinte, an Vietnam ein Exempel zu statuieren. Ja, so geizig, wie die Leute sind, so feige sind sie auch …

… Ich war damals gerade 17 Jahre. Ich hatte Hoffnung, war bereit anzupacken, alle Arbeiten zu übernehmen, ein besseres Leben aufzubauen. So übernahm ich Aufgaben im Sozialmedizinischen Zentrum[21], wo Thắng schon während des Krieges arbeitete. Wir

---

[20] siehe Friang. Dieses Buch beinhaltet u. a. das »Tagebuch eines Befreiten« eines jungen, antikommunistischen Intellektuellen, der die ersten Wochen nach der Befreiung 1975 schildert. Er wanderte danach nach Australien aus.
[21] Sozialmedizinisches Zentrum: seit 1977 heißt es »Centre de réhabilitation des orphelins malnutris«, kurz CROM. Das Zentrum wurde bereits in den letzten Kriegsjahren von »terre des hommes« unterstützt und weiter entwickelt. Es ist damit das älteste Projekt von »terre des hommes« in Vietnam. Heute engagiert es sich nicht nur in der Not- und Entwicklungshilfe, es ist ein Kinderschutzzentrum

kümmerten uns um Waisenkinder, verwundete, vor allem unterernährte Kinder. Und ich besuchte den Vorbereitungslehrgang zur Aufnahme in die Partei, wurde Kandidat und Ende 1976 Mitglied. Ja, ich schwelgte in Hoffnung. Ich wollte Mutter zeigen, ich habe gelernt, ich habe etwas erreicht. Monate, ein Jahr vergingen und Mutter kam nicht. Sie kam nie. Irgendwann, ich hatte Thắng zu oft nach ihr gefragt, sagte er mir, Mutter lebt nicht mehr. Genaueres wisse er noch nicht. Später erfuhr ich, sie wurde erschlagen, hier in Saigon *von den eigenen Leuten*. Für die Amerikaner soll sie spioniert, Landsleute verraten haben. Man hatte sie oft genug mit Amerikanern gesehen. Ich selbst hatte sie gesehen. Dann brach ich mit Saigon, ging nach Hanoi, lernte Chinesisch, Französisch, Russisch und Deutsch, studierte Geschichte, Philosophie und Politik. Danach arbeitete ich mit Studenten. Thắng blieb der einzige Kontakt zum Süden. Er besuchte mich regelmäßig einmal im Jahr zum Tết Nguyễn Đán. Er ist meine und ich seine Familie. Sonst hatten wir niemanden. Ich verfiel in ein Dilemma, was den meisten Menschen unserer modernen Gesellschaften

---

von sozialpolitischer Bedeutung. Das Zentrum befindet sich in der Tu-Xuong-Straße, wenige Hundert Meter vom Museum für Kriegsverbrechen entfernt. http://www.tdh-ag.de/hamburg/das-machen-wir/aktuelles/artikel/terres-des-hommes-kinderfest-am-christianeum.html

anhängt, die wahre Geschichte zu verdrängen, gar zu vergessen. Bis ich zu Beginn des Jahres 1980, ich steckte wie die meisten Vietnamesen in den Vorbereitungen zum Neujahrsfest, einen Brief erhielt. Mir fiel gleich auf, dass der Brief keine Briefmarke trug. Eine Frau Hiền Duc schrieb mir: *Sie könne erst jetzt schreiben, war mein Aufenthaltsort doch schwer herauszufinden. Außerdem war sie vier Jahre im Arbeitslager für politische Umerziehung. Sie hatte während des Krieges mit Mutter zusammengearbeitet. Sie war ihre Kontaktperson.* Was während der amerikanischen Invasion als reine Vorsichtsmaßnahme diente, erschwerte nach dem Krieg die eigene Beweislage, kein Spion für die Amerikaner gewesen zu sein. Die meisten dieser Leute kannten nur ihre direkten Kontaktpersonen, oft nur zwei Leute. Die gesamte Gruppe, das weitreichende Netz, blieb ihnen verborgen. Hiền Duc hatte ein Foto beigelegt. Es zeigt einen Mann in einer grün schwarz gefleckten Uniform und drei Frauen in den schwarzen Uniformen des Vietcong. Datiert auf den Januar 1969. Auf der Rückseite stand an meine Mutter in russischer Sprache geschrieben: *Meine liebe Xuân, - mein ganzes Leben, meine ganze Kraft habe ich dem Herrlichsten in der Welt, dem Kampf für die Befreiung der Menschheit gewidmet.*[22] *- In Liebe Sergej.* Frau

---

[22] Nikolaj Ostrowskij: Wie der Stahl gehärtet wurde, Verlag Neues Leben Berlin,

Hiền Duc wohnte in Vinh. In mir reiften tausend Fragen: Was war aus Mutter geworden? Wo liegt sie begraben? Was hat sie gearbeitet? Und wer ist Sergej? Hatte sie eine neue Liebe? Woher konnte sie plötzlich russisch …

… Als ich zwei Monate später in Vinh eintraf, war Frau Hiền Duc seit einer Woche verstorben. Mit ihr ist meine gesamte Hoffnung gegangen, je etwas mehr über die letzten Jahre meiner Mutter zu erfahren. Ich wusste nichts über den Russen und die unbekannte Dritte auf dem Foto.«

Von Zeit zu Zeit kommt der Kellner vorbei, fragt, ob wir noch etwas wünschen. Alles gut. Der Professor lächelt, und der Kellner wendet sich ab.

»Der Kanonendonner ist verstummt. Die Kriege sind beendet. Auf dem ostasiatischen Kontinent herrscht vermeintlicher Friede.« Ein Friede der Ideologie, der auf den Zug des Wirtschaftswachstums aufzuspringen sucht, dessen Tramps einzig das Thema Tiền, Geld, beschäftigt. Verschwunden ist der größte Widerständler Asiens, der ein Jahrhundert andauernde Kampf um Freiheit, die einstige Welt der Vielfalt. »Kein anderes Land als mein Land hat sich so vehement, ausdauernd und idealistisch gegen seine Aggressoren gewehrt.« In dessen Schatten kaum das Klimmen der Opiumkriege in China erkennbar ist. Nacheinander haben sich die Völker Asiens vom kolonialistischen Joch befreit. Und heute? Alle setzen Wirtschaftswachstum mit Fortschritt gleich, was schlicht Verwestlichung bedeutet. Schluss mit Konventionen, alle wünschen sich so individuell zu sein, wie die Kunden des schwedischen Konzerns, der seine Möbel vor der politischen Wende 1989 billig im Ostblock bauen ließ und jetzt in Asien produziert.

Selbst die kleinsten Versuche, sich dagegen aufzubäumen, scheiterten graziös. »Die Kriegsgeneration hat es versäumt, den Nachgeborenen ein asiatisches Bewusstsein mit auf den Lebensweg zu geben«, betont Tuê Van Nguyễn. Er pausiert, einen Augenblick nachzudenken. »Selbst ich habe es versäumt, darüber gesprochen zu haben. Wir wollten eine bessere Welt für unsere Kinder, ohne Fremdherrschaft, ohne Krieg. Alles haben wir von ihnen ferngehalten. Dabei starben die Grundsätze, die Ideale.« Der Fortschritt der westlichen Welt, die einzig wahre Marschrichtung ist ein Befehl. »Und dem zu folgen, haben die meisten Nachgeborenen gelernt.

Da fragt man nicht. Das haben wir vorgelebt, wir, vor allem die Parteisoldaten. Die Dogmen sind unverändert, die Ziele haben sich gewandelt. Warum nicht den Dogmen weiter folgen? Gelernt ist gelernt. Immer ist es das alte Lied. Und heute beraubt der westliche Imperialismus uns der Seele. Was das Christentum nicht geschafft, konnte dieser Imperialismus trojanisch geschickt in unsere Köpfe pflanzen. Und niemand rebelliert, selbst wir Asiaten nicht. Wir lächeln weiter … Nun, Wahrheit ist das, was wir als Wahrheit gebetsmühlenartig verkaufen.«

Es dämmert bereits. Tuê Van Nguyễn winkt den alten Kellner herbei. Der Professor wünscht zu zahlen, und der Kellner nennt seinen Preis. Wortlos, das gewohnte asiatische Lächeln seine Lippen umspielend, legt Tuê Van Nguyễn den genau abgezählten Dong Betrag und das besagte Foto auf den Tisch. Er erhebt sich langsam, blickt dem Alten in die Augen und flüstert: »mẹ tôi, meine Mutter«, und tippt dabei mit seinem Finger auf die Frau zwischen ihren Freundinnen. »Mẹ tôi«, wiederholt er. »Sie hieß Xuân.« Bleiche steigt in des Kellners Gesicht, von Sorgen und Kummer gezeichnet. Ihn umgibt etwas armseliges, abgerissenes. Er hatte nur seine Geschäfte gemacht, nichts zu schaffen mit den Besatzern. Er hatte wohl auch gejubelt, als die Nordvietnamesen einmarschierten, den Süden, ganz Vietnam befreiten.

Über dreißig Jahre mussten verstreichen, ehe Tuê Van Nguyễn nach Saigon zurückkehrte. Jetzt ist er zufrieden, mit sich im Reinen. Darum hat er sich vorzeitig pensionieren lassen, hat seine Aufgabe gefunden, wird dort wieder arbeiten, wo sein Leben begann. Er wird bei Thắng leben, und er wird sich um verstümmelte Kinder sorgen, um diejenigen Lebenden, die keinen Gedenkschrein auf den Ahnentischen haben, aber die Folgen eines Krieges ein Leben lang schleppen müssen, ihn selbst nie erlebten, »um die Menschen, welche für die meisten Vietnamesen eine Last darstellt. Wir teilen doch alle dieselbe Welt, beschäftigen uns allerdings tagein, tagaus mit uns selbst.«

Frau Tâm ganz in weiß im Ao Dai gekleidet.

Cao Đài

Ein Tag gleicht dem anderen – zwischen Reisfeld und Ahnenkult

Frau Tâm kenne ich bereits von einem früheren Besuch. Eigentlich heißt sie Nguyễn Tâm, doch das ist nicht wichtig, trägt doch beinah jeder zweite Vietnamese diesen Nachnamen. Wir trafen uns an ihrem Reisfeld einige Kilometer vor Tây Ninh. Sie pausierte sitzend auf einem der

---

[23] »mein Bruder, Sie gehören nicht mehr dem Bösen, sondern dem Guten an. Ich kaufe Ihre Seele. Ich entziehe Sie den schwarzen Gedanken und dem Geist der Verderbnis und überantworte Sie Gott!«, Les Misérables, Tome I, Chapitre XII, L'évêque travaille

zahlreichen Hügel, welche überall in großer Unregelmäßigkeit zwischen den Reisfeldern thronen und teilte grünen Tee aus ihrer alten Thermosflasche mit mir. Wir plauderten über alles, was wir sahen, was sich bewegte, was den meisten Vietnamesen wichtig erscheint: das Wetter, die Arbeit, ihre Familie und natürlich den Reis. Wunderschön, die Landschaft – das saftige Grün der zarten Halme der Reispflanze, dazwischen schimmernd die rotbraune Erde – Reisfelder, soweit wir schauen konnten.

Frau Tâm geht es wie drei Vierteln der vietnamesischen Bevölkerung, sie leben von der Landwirtschaft, das heißt zu mehr als 60 Prozent vom Reis. Sie atmen im Rhythmus seines Anbaus. Reis ist Arbeit, harte Arbeit. Zehn Stunden am Tag, sieben Tage in der Woche, um maximal einmal im Quartal ernten zu können. Frau Tâm betreibt den Reisanbau seit ihrer frühesten Kindheit, anfangs unter erschwerten Bedingungen. Sie wurde im Zweiten Indochina Krieg, dem Vietnamkrieg, der hier in Vietnam Amerikakrieg heißt, geboren und zählt mit ihren 55 Jahren zu den alten Vietnamesen.

Da stehe ich nun auf dem riesigen Platz, der im Angesicht des vor mir emporragenden Kirchenbaus gar nicht so gewaltig ausfällt, und warte. Nie zuvor habe ich einen solchen einladenden Kirchenbau gesehen. Sind die Kirchenbauten des Abendlandes eher grau in dunkelgrau gehalten, so zeigt sich dieser sommerlich farbenfroh, vor allem beigefarben, viel sattem Blau, Rot und Gelb. Auf den ersten Blick mag er einer barocken Kathedrale mit zwei quadratischen Glockentürmen ähneln. Doch gehe ich ein paar Schritte seitwärts, so fallen die beiden dahinter aufgepflanzten Trommeltürme auf. Ist es vielleicht eine Moschee, frage ich mich. Keineswegs, denn die geschwungene Dachkonstruktion erinnert eher an eine chinesische Pagode. Aber was ist das? Zwischen den beiden vorderen Türmen auf dem Dach, gleich über dem Hauptportal, thront eine Buddhafigur. Sie stellt Di-Lac dar, den Buddha der Zukunft, wird Frau Tâm mir später erklären.

Der »Heilige Stuhl«, in dessen Zentrum dieser wundersam anmutende Kirchenbau aus dem Jahr 1937 steht, ist der Hauptgrund, weshalb die meisten Touristen den Ort Tây Ninh, 96 Kilometer westlich von Saigon gelegen, besuchen.

In diesem Zentrum lebt, vielmehr residiert eine der schillerndsten und ungewöhnlichsten Religionsgemeinschaften der Welt, die Cao Đài. Diese sehr junge Religion ist bei uns kaum bekannt. Jedoch wird sie jedem Saigon-Touristen von beinah jedem dort ansässigen Reisebüro für einen Tagesausflug schmackhaft dargeboten. Einmal dabei sein, vorbei an den unzähligen Feldern, der Reiskammer Vietnams, dann einer Zeremonie beiwohnen und zurück in die Großstadt. Für mehr bleibt den Ausflüglern kaum Zeit. Dass sich die Einheimischen darauf eingestellt haben, bemerkt der Besucher sofort an den zahlreichen Tour-Guides, die auf dem Vorplatz lagern und jeden aus dem Hauptgebäude tretenden Fremden ansprechen: »you hotel, yes«, »you like taxi«, »taxi to Saigon, you like.« Sofort begreift er nicht nur die Geschäftstüchtigkeit dieser kleinen drahtig kräftigen Südostasiaten, sondern dass auch hier in Südvietnam inzwischen Englisch die Sprache der ehemaligen französischen Kolonialherren abgelöst hat.

Noch ehe mich der erste jener Fahrer ansprechen kann, taucht Frau Tâm auf. Pünktlich um 17 Uhr radelt sie über den Platz. Ganz in weiß im Ao Dai gekleidet, auf ihrem Kopf den typischen runden ostasiatischen Hut mit der Spitze im platt gedrückten Kegel, welcher ihrem faltigen Gesicht Schatten spendet und jugendlich fröhlichen Glanz verleiht.

»Ça va«, grüßt sie mich mit einem Lächeln, wie es nur den Vietnamesen eigen ist. »Ça va«, gebe ich zurück und schon ist er wieder da, dieser Hauch der Kolonialzeit. In beinahe akzentfreiem Französisch bringt sie mir die Religion des Cao Đài und dessen Philosophie nah. »Am Weihnachtsabend des Jahres 1925 war es«, beginnt sie, »erlebte der französische Kolonialbeamte Ngô Văn Chiêu (1878 – 1932) eine Vision. Ihm erschien die Offenbarung des Gottes Cao Đài.« Es ist das »heilige Auge«, als Inbegriff Gottes wachend über einer Weltkugel. So zeigt es sich, eingerahmt von einem Dreieck, von dem neun Strahlen ausgehen, im Emblem der Religionsgemeinschaft. »Dort oben können Sie es sehen.« Frau Tâm zeigt dabei mit ihrer Hand auf die beiden Türme am Hauptportal. »Der Cao Đài ist das höchste Wesen.« Er wird als Schöpfer und Erlöser verehrt. Eines muss man dieser Religion, oft auch als Sekte bezeichnet, zugestehen. Während sich die meisten Religionen auf eine Mischung aus Mutmaßungen und historischen Funden stützen, war es bei dieser möglich, eine »Geburt mitzuerleben.« Natürlich, so geben die Gläubigen und Fachleute gleichermaßen zu, können einige Visionen der Gründer zwischen 1919 und 1925 nicht eindeutig belegt werden. Es bleibt unbegründet, ob und inwieweit die letzte Kaiserdynastie der Nguyễns einen Einfluss auf die neu erschaffene Religion hatte. Diese Annahmen finden sich eher im Reich der Legenden wieder. »Die Herkunft der Religion ist den meisten gläubigen Vietnamesen ebenso unwichtig wie der eigene Geburtstag«, sagt Frau Tâm.

»Wie darf ich das verstehen?«

»Fragen Sie einen Vietnamesen nach seinem Geburtstag. Mancher wird ihn gar nicht wissen, andere lange überlegen und letzten Endes in ihrem Pass nachsehen«, erklärt sie. »Unser Geburtsjahr und Tierkreiszeichen, das wissen wir noch.« Ganz anders sieht es hingegen mit den Sterbedaten eines jeden nahen Verwandten aus. Hier kennt sich der Vietnamese aus, hier liegt seine wahre Religion, die Ahnenverehrung. Nicht die Lebenden gedenken an diesen Tagen ihrer Toten, nein »die Verstorbenen schauen bei den Lebenden vorbei.« Selbst ein Vietnamese, der weder an den Himmel noch an Zwischenwelten oder Geister glaubt, begeht diese Tage, als seien sie ein europäisches Geburtstagsfest.

Von ihren Ahnen, Verwandten, ihrer Familie spricht Frau Tâm mit Hingabe. Ihr Vater kämpfte für den Vietcong, ihre Mutter stand auf der Seite der Franzosen und ihr Mann starb an den Folgen einer

Schussverletzung während der letzten Kämpfe in Saigon. »Er war noch keine zwanzig Jahre«, sagt sie. »Dieser verdammte Amerikakrieg.«

Einen Augenblick lang verfällt sie in ihre Gedanken. »Mais oui, ich habe den Amerikanern verziehen. Zwanzig Jahre habe ich auf meinen Mann gewartet.« Solange wusste sie nichts über seinen Verbleib. Und irgendwann war sie zu alt für eine eigene Familie. »Frauen in meinem Alter haben längst zwei, drei Kinder. Und oft gehen sie schon ihre eigenen Wege. Diese Frauen sind glücklich. Das gibt einem natürlich zu denken. Bei meiner täglichen Arbeit im Reisfeld grüble ich darüber nach. Wenn sie zu schwer oder besonders anstrengend ist, gibt es Momente, da glaubt man, *rien na va plus*. Doch ich muss meine Aufgaben erfüllen. Auch wenn man es einfach satt hat. Viele Frauen und auch viele Männer in meinem Alter sind in der gleichen Lage. Sie warteten und warteten, manche noch heute. Da lernt man sich zusammenzureißen. Und dazu braucht man eine Familie, man braucht Vertrauen.« Für einen Moment, so scheint es, sucht Frau Tâm nach den richtigen Worten, ordnet dabei noch einmal ihre mitgebrachten Räucherstäbchen. Fünf Stück, als Symbol für jeden der Wurzeln der Lehre eines. »Schauen Sie, im Grunde ist keine vietnamesische Frau in der Lage, eine Entscheidung allein zu treffen.

Damit ist sie schlicht überfordert. Sie bespricht alles mit ihren nahen Angehörigen. Erst dann entscheidet sie sich.«

»Und die Männer, wie entscheiden sie?«

Sie lacht: »Die Männer sind wählerisch. In rationalen und technischen Fragen beraten Sie sich meist mit Freunden und dem männlichen Teil der Familie. In Gefühlsangelegenheiten, wenn sie den Mut aufbringen, mit ihren Frauen oder weiblichen Geschwistern.«

Die Entstehung der Religion des Cao Đài rührt aus den gesellschaftlichen und politischen Zuständen im Süden Vietnams. Damals diskriminierten die französischen Kolonialisten nicht nur die Armen, vielmehr alle vietnamesischen Volksschichten. Auch die Familie Nguyễn, Frau Tâms Großeltern, hatte dieses Schicksal zu tragen. Die tägliche Monotonie der Arbeit auf den Reisfeldern laugte sie aus. Immer darauf bedacht, die Schar ihrer Kinder satt zu bekommen und ihnen eine Bildung zu ermöglichen, die ihnen angemessen erschien. So waren nicht nur die Großeltern und Eltern immer auf der Suche nach einer intakten Dorfgemeinschaft, die ihnen neben der Familie eine wichtige Stütze bot. Sie suchten weniger nach neuen Ideen, mehr nach einem neuen Glauben, einen zweiten Halt im Leben zu finden. Den fanden sie nicht im kriselnden Buddhismus oder Konfuzianismus, sondern dieser neuen »Universalreligion«, im Caodaismus.

Natürlich missionieren sie gemäß den katholischen Richtlinien. Natürlich meditieren sie, wie zuvor im buddhistischen Glauben, und praktizieren Zauberei und Wahrsagerei, wie es dem Daoismus eigen ist. Und natürlich heroisieren sie ihre Toten, gleich dem vietnamesischen Ahnenkult, während sie ihre Gebete mit Zitaten des Konfuzius und Lao Dse anreichern.

Frau Tâm schiebt mich durch das Gedränge der Gläubigen ins Vestibül. Touristen sind zu dieser späten Nachmittagsstunde nur noch wenige unterwegs. Am großen Wandgemälde bleibt sie stehen: »Das stellt unseren Glauben dar«, sagt sie bestimmend. »Dafür stehen Sun Yat Sen, der Gründer der chinesischen Republik, Viktor Hugo und der vietnamesische Dichter Trang Trinh.« Der gelehrte Konfuzianer und Daoist Trang Trinh (1492 – 1587) malt mit einem Tuschepinsel die Worte – *Gott und Menschlichkeit, Liebe und Gerechtigkeit* – in chinesischen Schriftzeichen, während Victor Hugo (1802 – 1885), dargestellt in Uniform mit Dreispitz auf dem Kopf die Worte – *Dieu et Humanité, Amour et Justice* – schreibt. Und von hinten reicht Sun Yat Sen beiden den Tintenstein.

Der Caodaismus ist eine Synthese aus fünf Religionen, genannt die »Fünf Zweige des großen Weges«: Nhòn-Đạo (der Konfuzianismus); Thần-Đạo (der Kult der Genies[24]*, der japanische Shintoismus); Thánh-Đạo (das Christentum); Tiên-Đạo (der Taoismus); Phật-Đạo (der Buddhismus)*[25] – so beschreibt ihn 1937 Nguyễn Phan Long. Schon in dieser kurzen Passage wird der synkretischer Charakter des Glaubens deutlich. So versucht er, einen goldenen Mittelweg zwischen Christentum und Buddhismus, die Lücke zwischen Ost und West neu zu definieren. Da gibt es Jesus Christus und Moses, Buddha und Konfuzius, Lao Dse und die Ahnen, lediglich Mohammed taucht aus irgendeinem Grund nicht auf. Vielleicht lag es auch daran, dass viele gebildete Caodaisten zur damaligen Zeit ihre umfangreiche Ausbildung in Frankreich erworben haben. »Mais oui, besonders herausragende europäische Figuren haben ihren tiefen Eindruck bei uns hinterlassen«, erklärt Frau Tâm. »Jeanne d'Arc,

---

[24] Anmerkung: gemeint ist eher der »Weg der Götter«. Mir ist nicht bekannt, dass in Vietnam der Shintoismus mit dem Kult eines Genies gleichgesetzt wird.
[25] Nguyễn Phan Long, Rede »Caodaïsme - Le mysticisme du Dieu Cao-Dai«, 1937 gehalten anlässlich der Einweihung des Caodai-Tempels Trung-Thành in Đà Nẵng

Shakespeare, auch Churchill, Newton und Pasteur und vor allem die Klassiker der französischen Literatur, insbesondere Victor Hugo.«

»Das sind alles Persönlichkeiten, die sehr mitleidsvoll von ihren Mitmenschen sprachen. Sie schrieben viel über Menschlichkeit«, mischt sich eine Dame neben uns ein. Ihre korpulente Erscheinung in Verbindung mit ihrem Makeup und den rot lackierten Fingernägeln verkörpert nicht nur den aufstrebenden nationalen, vielmehr den neuen weltbürgerlichen Vietnamesen.

»Menschlichkeit«, murmelt Frau Tâm und lächelt dabei, als sei dieses Wort nur das, was es ist, ein Wort, eine Floskel aus einer anderen Welt.

»Dafür steht Hugo«, erwidert die Dame, die sich uns als Exilvietnamesin Frau Nguyễn-Trump vorstellt, bestimmend. »Mit seinen Werken *Der Glöckner von Notre-Dames*, *Die Elenden*. Deshalb wurde er von Gott auserwählt, als Botschafter der westlichen Welt für den Cao Đài aufzutreten.«

»C'est vrais, richtig. Hugo hat in seinen Werken immer zum Nachdenken über Tun und Handeln des einzelnen Menschen aufgefordert. Er hat ihn in seiner Engstirnigkeit genauso gut beschrieben wie in seiner Idee, was Gerechtigkeit sei«, gebe ich zu. »Er regte zum

Selbstdenken an und zeigte Wege, Verantwortung gegenüber dem eigenen Leben zu übernehmen.«

»Der Caodaismus vereint moralisches und philosophisches Gedankengut miteinander«, sagt Frau Tâm. »Er erinnert die Menschen an ihre Verpflichtungen gegenüber ihren Familien, der Gesellschaft, der Menschheit. Gleichzeitig misstraut er dem Reichtum und Luxus.«

»Er möchte, dass sich der Mensch von der Fessel des Materiellen befreit, und das ist gut so. Aber woher wissen Sie, Frau Nguyễn-Trump, dass Hugo der Auserwählte, der Botschafter ist?«

»Auf der Suche nach dem Besten und Gerechtesten der Welt nehme ich Kontakt zu den Geistern unserer Ahnen auf«, beginnt sie und erklärt, welche Kraftanstrengung notwendig ist, um eine spirituelle Sitzung anzustreben. Einmal geschieht es miteinander in einer Gruppe, ein anderes Mal in aller Stille. Dies kann in einer Chùa, Den, einem Dinh oder zu Hause sein. Es gilt, sich vollkommen abzuschirmen von den umliegenden Unternehmungen, um eine Seelenebene zum Überirdischen aufzubauen. »Das ewige Licht wahrzunehmen«, betont sie, »das erfordert Übung und Gottesgabe.« Dies wiederum ist nur auserwählten Menschen gegeben. »Seit ich denken kann, bin ich schon immer eine geistige Person gewesen.«

»Sie haben schon immer mit Geistern gesprochen?«

»Non. Das passiert nicht sehr häufig. Meist sehe ich da die Quellen des Lichts. Die Grundvoraussetzung für eine Sitzung. Das Licht ist der Geist. Der Geist ist das Auge Gottes. Gott gibt mir die Kraft. Gott festigt mein Ich.«

»Spricht er mit Ihnen? Gibt er Antworten auf Ihre Fragen?«

»Non, das nicht. Das Licht, Gott gibt mir die Kraft, mich als Medium zu bedienen. Kontakt aufzunehmen, zu meinen Ahnen, zu unseren Ahnen«, meint Frau Nguyễn-Trump. Zu Beginn ihrer Kariere als *Seherin* verbrauchte sie ihre gesamte Energie zur Kontaktaufnahme mit Gott. Erst später, als Gott vertrauen zu seinem Medium fasste, nahm er tatsächlich Kontakt zu ihr auf. Er sendete ihr sein Licht. »Nicht jeder ist dafür geeignet«, betont sie. »Gott hat mich geprüft. Tứ đức, công, dung, ngôn, hạnh, und hiếu, đễ, trung, tin …« Und während in der vietnamesischen Sprache alles so kurz und prägnant klingt, scheint Frau Tâms Übersetzungen der tứ đức, Tugenden der Frau, ein Roman zu werden. Noch einmal wiederholt Frau Nguyễn-Trump ihre caodaistischen

Gottesprüfungen, welche stark dem konfuzianischen Familienbild ähneln. »Ich hatte diese Vision. Sie füllte meine Gesichtspartien, natürlich meinen gesamten Körper. Sie eilte vom Auge Gottes auf mich zu, warf sich über mich, stieß einen sehr lauten Ton aus und schloss mich im Ganzen ein«, springt es aus ihr heraus.

»Das was sehr intensiv«, meint Frau Tâm. Frau Nguyễn-Trump wertet ihre Vision als klares Zeichen, eine caodaistische Seherin zu werden. Sie versucht im Spirituellen, eine vollkommene Seelenruhe zu finden. »Ich bin nur das Medium«, sagt sie.

Wir staunen.

»In meinen Sitzungen nehme ich Kontakt zu wichtigen Persönlichkeiten auf. Ich spreche mit ihnen.« Diese Medialität des Geistes liegt ganz auf der Linie der chinesischen und vietnamesischen Tradition. Sie bilden die Grundlage für das wichtigste Merkmal des caodaistischen Synkretismus, eine Verbindung der daoistischen Kraft des Geistes und der buddhistischen Erlösungstheorie. Geist und Seele, das ist das Vokabular des Caodaismus, und weil es dem Taoisten in chinesischer Tradition am nächsten ist, spricht Ralph B. Smith von einem *reformierten Buddhismus* für vietnamesische Verhältnisse. Wie kann und will ich bei so vielen

Religionen noch den Überblick behalten? Frau Nguyễn-Trump jedenfalls hat die Ordnung für sich hergestellt. Sie kennt die Antworten auf jede Frage. Sie ist das Medium. Sie stellt den Kontakt zu den gewünschten Ahnen lediglich durch Handauflegen her. Sie fährt hoch, verausgabt sich, wird ausgelaugt und sackt zum Ende einer jeden Sitzung kraftlos zusammen.

Die Beschwörung der Geister war traditionell ein gemeinsamer Zeitvertreib unter den Vietnamesen. So steht es für jeden Caodaisten außer Frage, der größte und wichtigste aller Geister ist Cao-Đài-Tien-Ong, seine Exzellenz, der Unsterbliche Großvater, das höchste Wesen selbst. Warum gerade er und weshalb die unzähligen Religionen? Auf einen gemeinsamen Konsens können wir drei uns nicht einigen. Lag es doch an der allgegenwärtigen Präsenz der französischen Kolonialherren, dass dem einen oder anderen der Cao Đài in Gestalt Victor Hugos, später gar Hồ Chí Minh oder Lenin erschien. »Aus jeder erdenklichen und bekannten Religion oder Anschauung der Welt ist es Menschen wichtig ein Cao Đài zu sein«, fügt Frau Nguyễn-Trump hinzu. Und Frau Tâm meint: »Jeder kann teilnehmen. Er muss sich seines früheren Glaubens nicht entledigen.« Jeder darf sein Vorbild, sein Ideal eines Menschen mitbringen, ihn anbeten, vergöttern. Die Gläubigen haben sich lediglich auf einen Namen ihres Gottes geeinigt, Cao Đài. »Glauben hat immer etwas mit Hoffnung zu tun«, sagt Frau Tâm. »Hoffnung auf ein besseres unbeschwertes Leben.« Trotz all dem Vorgesagten bleibt der Mehrzahl der Vietnamesen der Caodaismus in seiner Erscheinung, seinem Inhalt nach wesensfremd. Laut den letzten vietnamesischen Schätzungen gibt es circa 2,4 Millionen[26] Gläubige im Land. Der überwiegende Teil lebt in geschlossenen Gemeinden hier am Mekong. Vereinzelt trifft man sie noch in Zentralvietnam, noch seltener im Norden des Landes. Dazu kommen noch etwa 2 Millionen[27] Caodaisten, außerhalb des Landes, größtenteils Auswanderer in den USA, Europa und Australien.

Im Zentrum des »Heiligen Stuhls« leben heute etwa 100000 Anhänger. Aber nur einige Tausend Gläubige nehmen täglich an wenigstens einem Gottesdienst teil, bedauert Frau Nguyễn-Trump. »Sie haben den Ruf des

---

[26] Regierungskommission für religiöse Angelegenheiten:
http://btgcp.gov.vn/Plus.aspx/vi/News/38/0/162/0/957/GIOI_THIEU_KHAI_QUAT
_VE_DAO_CAO_DAI
[27] United Nations Human Rights: »Press Statement on the visit to the Socialist Republic of Viet Nam by the Special Rapporteur on freedom of religion or belief« http://www.ohchr.org/EN/NewsEvents/Pages/DisplayNews.aspx?NewsID=14914&
LangID=E

Cao Đài, unseren Herren, Schöpfer und Erlösers, allerhöchsten Jadekaisers, Meister und Lehrer der Religion der südlichen Himmelsrichtung noch nicht erhört.« Bei Nguyễn Phan Long hörte es sich noch ganz anders an: *Die Anhänger kamen in Massen, so viele, dass am 14. des zehnten Monats im Jahr Bính-Dãn (18. November 1926) das erste öffentliche Auftreten des Caodaismus feierlich in Tây-Ninh gefeiert wurde* …[28] Über zwei Tage soll sich diese Zeremonie gezogen haben. So zählte die Stadt bald zum meistpublizierten Ort der Caodaisten. In mancher Hinsicht wurde er zwar vom überwiegenden Teil der Gläubigen zum Mittelpunkt ihrer Religion erklärt. Dennoch wäre es falsch, ihn als das wichtigste Zentrum, im Sinne einer monolithischen Bewegung zu betrachten. Dies zeigt sich nicht nur darin, dass die Eröffnungsfeier nicht hier in Tây-Ninh, sondern im fünf Kilometer südlich gelegenen Ort Go Ken stattfand, vielmehr in den ähnlichen verlaufenden Karrieren der Caodaisten, welche eine führende Rolle in der frühen Religionsgeschichte spielten. Hinzu kamen die zahlreichen, unterschiedlichen Ansichten und Sichtweisen der führenden Persönlichkeiten, woraus unweigerlich die Frage nach der Macht erwuchs.

---

[28] Nguyễn Phan Long, Rede »Caodaïsme - Le mysticisme du Dieu Cao-Dai«

Nguyễn Ngoc Tuong (1881 – 1951), dessen Beamtenkarriere sich ähnlich entwickelte wie jene des Religionsgründers Ngô Văn Chiêu, galt als charismatisch und dogmatisch. Bereits im Januar 1926 leitete er, anfangs noch verdeckt, die Gruppe von Gläubigen, welche sich um Ngô Văn Chiêu versammelt hatten. Um ihn zu verdrängen, nutzte er seine Fähigkeit, Menschen für sich zu gewinnen, die er bereits als Landrat von Hon-Chong zwischen 1920 und 1924 mit Erfolg praktiziert hatte. Auch Le Van Trung (1875 – 1934), Beamter im Staatsdienst der Kolonialherren, später Mitglied im Conseil Colonial von Cochinchina, überwarf sich noch einen Monat vor der offiziellen Gründung der Cao Đài Religion mit Ngo Van Chieu. Le Van Trung war ein Lebemensch und leidenschaftlicher Opiumraucher und brachte es, trotz seiner häufigen privaten finanziellen Schwierigkeiten, aber durch sein organisatorisches Talent zum ersten, bislang einzigen Giáo Tông der Cao Đài.

Zu diesem Zeitpunkt hatte sich Ngo Van Chieu bereits aus der Cao Đài Religion zurückgezogen. Er hatte zwar im Oktober 1926 noch die Gründungspapiere der Religion mit unterzeichnet, ob er allerdings an dessen Gründungsfeier einen Monat später noch teilnahm, bleibt unbestätigt. 1927 gründete er im Mekong-Delta die Minh Chieu Religion, welche wieder stärker auf Bekehrung und einen betonten Erlösergedanken ausgelegt war.

Auch die nachfolgende, jüngere Generation der Führungsriege entsprang dem Staatsdienst. Pham Cong Tac (1893 – 1958), ein Beamter der Zollverwaltung, bezeichnete sich selbst als Medium. Nach dem Tod Le Van Trung im Jahre 1934 schaffte er es zwar geschickt durch Intrigen, den Aufstieg Nguyễn Ngoc Tuong zum Giáo Tông zu verhindern, konnte aber diese Position selbst nicht an sich reißen. Er vermochte es aber, die Religion nach wirtschaftlichen, politischen und sozialen Gesichtspunkten neu auszurichten. Es entstanden viele Bildungs- und Verwaltungseinrichtungen. Der Einfluss der Religion stieg bei der Landbevölkerung im Süden Vietnams bis zu Beginn der 1940er Jahre so stark an, dass sie sich bald von den Kolonialherren abwandten und dem antifranzösischen Widerstand anschlossen. Dies ging soweit, dass sich die Religionsgemeinschaft während des Zweiten Weltkrieges sogar mit den Japanern verbündeten. Die ehemaligen Kolonialherren, die Franzosen antworteten mit Repressalien und kurz darauf mit dem Verbot der Lehre. Inzwischen befehligten die Caodaisten eine mächtig bewaffnete Privatarmee und kontrollierten damit weite Teile des einstigen

Cochinchinas. Ein *Staat im Staate* war entstanden, der ebenso um die Gunst der Bevölkerung rang wie die Franzosen und Viet Minh. Den Caodaisten nützte weder Überzeugungskraft, noch Intrigen, noch Militär. Und selbst das Bündnis mit der Hoa Hao Glaubensgemeinschaft und die zeitweilige Aussöhnung mit den Franzosen, welche bereits den ehemaligen Kaiser Bảo Đại unterstützen, brachte ihnen keine Vorherrschaft im Süden des Landes. Der Diktator Diem riss mit Unterstützung der Amerikaner die Macht an sich. Der bekennende Antikommunist erklärte kurzerhand den Katholizismus zur Staatsreligion und setzte die zuvor von den Viet Minh enteigneten Großgrundbesitzer wieder ein. Andersdenkende ließ er wahllos denunzieren und verfolgen. Schlussendlich schickte er seine von den Amerikanern aufgerüstete Armee gegen jeden Konkurrenten. Auch die Caodaisten, zusätzlich dem massiven Druck der Amerikaner ausgesetzt, mussten kurz darauf ihre Gebietsansprüche abtreten. Sie verloren ihren politischen Einfluss, und Südvietnam versank in Anarchie und Korruption.

Von all dem möchte Frau Nguyễn-Trump wenig wissen. »Was wollen wir an alten Dingen haften«, betont sie. »Neues wollen wir schaffen. Uns orientieren an den Wurzeln unserer Religion.« Dennoch erinnert sie sich lebhaft und mit bitterem Unterton an die Repressalien zwischen 1975 und 1985. Sie spricht von einem »Schandfleck« in der vietnamesischen Geschichte. »Es war uns verboten, mit Geistern zu kommunizieren. Die neuen Beamten der Vietcong hatten Angst, dass wir die Geister zu Antiregierungsmaßnahmen aufrufen könnten.«

»Es waren zum überwiegenden Teil die Cao Dai Bonzen selbst, die diese Sitzungen einschränkten«, bemerkt Frau Tâm. Versprachen sich die ehemaligen Führer des Cao-Đài dadurch Vorteile von der neuen Regierung Vietnams? Auf diese Frage gehen wir nicht weiter ein, gab es doch selbst unter den Vietcongs glühende Anhänger dieser Religion. Die Meinungen unter den Gläubigen gehen hierzu weit auseinander, während die einen die Unterdrückung als ungerecht empfanden, zeigten sich die anderen verständnisvoll gegenüber den damaligen Machtinhabern. Offiziell wurde die Cao-Đài-Religion 1985 als erste Glaubensgemeinschaft in Vietnam wieder zugelassen. Doch erst seit 1992 wird im Zuge der Đổi Mới das Recht auf Konfessions- und Religionsfreiheit garantiert. Heute würdigt die Regierungskommission für religiöse Angelegenheiten die Cao-Đài-Religion mit den Worten: *In den beiden Widerstandskriegen zur Rettung der Nation haben zahlreiche Würdenträger und Anhänger des Cao Đài*

Stärke gezeigt und aktiv zur nationalen Befreiung und Wiedervereinigung beigetragen. Derzeit tragen die Gläubigen gleichermaßen zum Schutz, Aufbau und Erneuerungsprozess des Landes bei.[29] Frau Nguyễn-Trump schaut deshalb in eine positive Zukunft, sie glaubt, »das Cao Đài eines Tages, zuerst von den Amerikanern und bald von der gesamten Menschheit als höchster Gott anerkannt wird. Dann wird unsere Welt ein friedlicher Ort sein.«

Inzwischen hat der Einlass zum 18-Uhr-Gottesdienst begonnen. Das Gedränge und Gemurmel im Vestibül löst sich in angenehme Ruhe auf. Die wenigen Besucher werden in englisch gebeten, sich möglichst lautlos zur Besuchertribüne zu begeben, wenn sie der Zeremonie beiwohnen möchten. Und wir nutzen die Gelegenheit, uns von Frau Nguyễn-Trump zu verabschieden. »Vite, vite, kommen Sie«, fordert mich Frau Tâm auf. Wir steigen die Treppen zur Aussichtsempore hinauf. Der Saal hat sich gefüllt, die Gläubigen sind versammelt. Alles hat seine Ordnung dort

---

[29] Nguyễn Thị Diệu Thúy, Cao Dai Experte der Regierungskommission für religiöse Angelegenheiten Vietnams, letzter Absatz:
http://btgcp.gov.vn/Plus.aspx/vi/News/38/0/162/0/957/GIOI_THIEU_KHAI_QUAT
_VE_DAO_CAO_DAI

unten. Die Diener und Laien, die Đạo hứu, erkennt man sofort an ihren weißen Gewändern. Sie stammen aus der Mekong-Region, leben meist als Reis- oder Früchtebauern. Jede Glaubensgruppe innerhalb der Religionsgemeinschaft zeigt sich in ihrer Farbe: rot tragen die Konfuzianer, gelb die Buddhisten und blau die Daoisten. Schert einer aus, findet er nicht den Tritt der Masse, fallen ihm strafende Blicke zu. Nicht nur die Farben, auch die Aufgabenverteilung ist klar geregelt: Ritus und Ordnung verwalten die Konfuzianer, Finanzen und Öffentlichkeitsarbeit die Buddhisten und innere Angelegenheiten und Erziehung fallen den Daoisten zu. Frau Tâm will mir erklären, was dort unten geschieht und meint ganz in Gedanken, während Weihrauch die Säulenhalle einnebelt: »Jeder kann das glauben, was er will, aber so viel Fanatismus wie eben …«

Die Hierarchie bestimmt klar nach dem Vorbild der katholischen Kirche die gesamte Religion. Die Đạo Hứu haben zu lernen, während die Würdenträger vom Chuc Viec, dem Unterwürdenträger, über den Gido Hứu, den Priester, und Phối Su', Erzbischof, bis zum Chu'ổng Pháp, dem Zensor-Kardinal zu lehren haben. Nicht nur die Rangordnung, auch die Regeln folgen einem strengen Regiment, vegetarische Ernährung an mindestens zehn Tagen im Monat und die Einhaltung der fünf Gebote, nichts Lebendes zu töten, Ehrlichkeit, kein Ehebruch, nicht betrügen und weder mit Worten noch mit Taten zu sündigen. Nicht zu vergessen, die täglichen, aller sechs Stunden stattfindenden Gebete, der Höhepunkt der Zugehörigkeit zum Cao Đài. Die Gläubigen erinnern sich an ihre moralischen Verpflichtungen zu Selbstlosigkeit, Nächstenliebe und Armut. Alles verpackt unter reichlicher Beschwörung der Geister, überwacht vom Auge des Cao Đài, das über einer Weltkugel am Ende der Halle über den Köpfen schwebt.

Den Ausführungen Frau Tâms folge ich kaum noch, bewegt mich doch zu sehr die Frage, ob es wirklich möglich ist, sich mit einem Toten zu unterhalten. Noch einmal erblicke ich Frau Nguyễn-Trump unten im Saal. Sie lässt ihren Blick über die Empore schweifen, um sich einen Augenblick später wieder mit dem Gemurmel der Gebete zu vereinen. Einladend ist die Kirche, denke ich, doch wie in den meisten der Welt geht die Langeweile der Lippenbekenntnisse wandeln. Ich bin froh, wieder draußen zu sein. Eigentlich ein schöner Traum, alle Glaubensrichtungen, alle Denkweisen vereint, unter einem Dach friedlich zu erleben. Der Caodaismus jedenfalls spiegelt die wechselhafte Geschichte der

Südvietnamesen wieder und durchbricht gleichzeitig die Monotonie ihres Reisbauernalltags, wo ein Tag dem anderen gleicht.

Frau Tâm hat ihren Platz bei den Cao Đài gefunden. Sie ist gern dort, bei den Laien. Zu Hause wird sie sich wie nach jedem Besuch der Kirche vor ihre hölzerne Gia Pha, die Ahnentafel, knien, ein paar Worte des Gedenkens murmeln, ihren Tag ausbreiten, auf einen Rat hoffen. Sie wird Ruhe und ihren Frieden finden. »Die Menschen, derer wir im Ahnenkult gedenken«, meint sie, »sind weniger anfällig, können die Toten doch die Lebenden nicht mehr enttäuschen.«

Tempel des Cao Đài – Innenansicht

Vordereingang zum Tempel

S. 112 und 113 Đạo Hữu, Laien beim Gebet

ältere Đạo Hữu, Laien beim Gebet

Laien und höherrangige Cao Đài beim Gebet

typische Kegelhut in Südostasien

Wort- und Sacherklärungen:

Aussprache der vietnamesischen Wörter: Vietnamesisch ist eine melodisch klingende Sprache, die auf sechs Tonhöhen beruht. Diese Töne sind die größte Hürde beim Erlernen dieser Sprache, weshalb hier nur eine Hilfestellung zur Aussprache gegeben werden kann.

Konsonanten: c, k, q wie »k« - ch wie »dch« - d, gi, r wie »s« in »Salat« - đ wie »d« in »Dackel« - g, gh wie »g« in »gut« - kh wie »ch« in »ach« - ng, ngh wie »ng« in »lang« - nh wie »nj« in »Maja«, s wie »s« in »Ast«, t wird stumpf ausgesprochen, mehr zum »d« hin

Vokale: a wie »a« in »Name«, ă wie »a« in »Lamm«, â wie »e« in »Schule«, e wie »ä« in »Bär«, ê wie »e« in »See«, i, y wie »i« in »Lied«, o wie »o« in »offen«, ô wie »o« in »Ofen«, ơ wie »ö« ganz kurz gesprochen, u langgezogenes »u«, ư wie »ü« ganz kurz gesprochen, uy wie »u« mehr zu »üi« hin gesprochen.

Namen: In Vietnam steht der Familienname vor dem Eigennamen (Rufnamen). Die Personen werden im lokalen Raum mit dem Vornamen und »Sie« angesprochen. z. B. Nguyễn Sinh Cung – Nachname: Nguyễn, Rufname: Cung

Sacherklärungen:

Ahnenkult: Verehrung der vorangegangenen Generationen, bezieht sich nicht nur auf Familienmitglieder.

Amerikakrieg: 2. Indochina Krieg (s. d.)

Áo dài: langes Oberteil, traditionelles vietnamesisches Frauenkleid, Nationaltracht

Bác: viet. Onkel

Bãi biển Non Nước: besser bekannt unter dem Namen China Beach, Strand nahe Đà Nẵng.

Bảo-Đại (1913 – 1997, dt. »Größe bewahren«): Eigentlich Nguyễn Phúc Vĩnh Thụy war der dreizehnte und letzte Kaiser Vietnams (1926 – 1945) aus der Nguyễn-Dynastie (s. d.) zwischen 1949 und 1955 war er Staatsoberhaupt von Vietnam (Südvietnam s. d.). 1955 Flucht der Familie nach Frankreich.

Bonzen: höherrangige Gläubige, Funktionäre einer Religion

Buddha: dt. der Erwachte, ein Wesen, welches aus eigener Kraft die Vollkommenheit seines Geistes erreicht hat.

Buddhismus (viet. đạo Phật): Die Vietnamesen hatten lange einen Hang zum Buddhismus. Dieser wurde ab dem 16. Jahrhundert durch den Konfuzianismus abgelöst. Ganz verloren hat er sich nicht. Um staatlich Doktrinen zu entgehen, vietnamesierte man den Buddhismus, so verehrt man die Ahnen, Naturgötter und pflegt daoistischen Kulte und mischt sie mit Weisheiten des Konfuzius. Weitläufig spricht man in Vietnam vom Volksbuddhismus.

Cao Đài: bedeutet »höchster Palast«, siehe Caodaismus.

Cao-Đài-Tien-Ông: wörtlich aus dem viet. »hoher Turm« oder »hoher Palast«; Tien wird im Allgemeinen für unsterblich genutzt, ein Caodaist übersetzt ihn auch mit »Geist«, ông viet. »Herr«

Caodaismus (viet. Đạo Cao Đài): 1926 begründete synkretistische Religion mit u. a. mit buddhistischen, katholischen, vietnamesischen und konfuzianischen Bestandteilen.

chào bà: viet. Gruß der Dame (Frau)

chào ông: viet. Gruß dem Herren (Mann)

Cham (sinovietnamesisch: Chiêm Thành): sunnitisch-muslimisches Bauernvolk in Südostasien. Sie sind die direkten Nachfahren der Bevölkerung (mit hinduistischem Glauben) des Königreiches Champa, welches seine Blütezeit im 9. und 10. Jahrhundert hatte.

Chùa, der: Pagode, buddhistische Glaubenshalle

Chuc viec: Unterwürdenträger im Caodaismus

Chưởng Pháp: Zensor Kardinal im Caodaismus

Cochinchina (auch Kotschinchina, frz. Cochinchine, vietnamesisch Nam Kỳ): ist die alte Bezeichnung für die südliche Region Vietnams und Teilen des östlichen Kambodschas. Zwischen 1863 und 1954 bezeichnete man so die französische Kolonie.

công: eine der vier Tugenden der Frau (siehe Tứ đức) im Konfuzianismus. Sie steht für Fleiß und Geschick bei der Arbeit.

Conseil Colonial (fr. Kolonialrat): später umbenannt in conseils généraux, existierten auf den Gebieten der französischen Kolonien zwischen 1833 bis 1946.

Chu'ổng Pháp: Zensor-Kardinal im Caodaismus

Đạo: stammt aus dem chinesischen und bedeutet »Weg«, »Straße«, »Pfad«. siehe Daoismus

Đạo Hứu: Gläubige, Laien im Caodaismus

Đầu Su': Kardinal im Caodaismus

Daoismus (viet. Lão): chinesische Philosophie und Weltanschauung. vgl. Hans van Ess: Der Daoismus, von Laozi bis heute, C. H. Beck oHG, München, 2011

đễ: eine der vier Pflichten in Familie und Gesellschaft im Konfuzianismus. Sie steht dafür älteren Menschen Respekt zu erweisen, bzw. Sohnespflicht

Demokratische Republik Vietnam (1945 – 1976, viet. Việt Nam Dân Chủ Cộng Hòa, kurz DRV, umgangssprachlich auch Nordvietnam): Zwischen 1945 und 1955 gehörte die DRV zur Union française (französisches Kolonialreich)

Den (auch Dien, Tinh, Mieu): der, Tempel, meist daoistisch oder allgemein buddhistisch

Đèo Hải Vân (frz. Col de Nuages): Wolkenpass

Di Lac: dicker, lachender Buddha, stellt einen Mönch aus dem 10. Jahrhundert dar. Der Buddha der Zukunft.

Diệm-Regierung (1955 - 1963): Ngô Đình Diệm (s. d.)

Điện Biên Phủ: 13. März bis 8. Mai 1954, die entscheidende Schlacht im 1. Indochina Krieg (s. d.) gegen die französischen Besatzer.

Đinh, das: viet. Gemeindehaus, Versammlungshaus des Dorfes

Đổi mới (viet. Erneuerung): Perestroika auf vietnamesisch. Die Beschlussfassung erfolgte auf dem 6. Parteitag der KPV (s. d.) im Dezember 1986. Vorerst erfolgte sie auf wirtschaftlicher, seit 2006 auch auf politischer Ebene. vgl. Giesenfeld: Land der Reisfelder

Đồng: Zahlungsmittel in Vietnam, 1 Đồng ist entweder in 10 Hào oder 100 Xu unterteilt. Allerdings sind nahezu keine Münzen mehr im Umlauf, da ihr Wert zu gering ist.

DRV: Demokratische Republik Vietnam (s. d.)

dung: eine der vier Tugenden der Frau (siehe Tứ đức) im Konfuzianismus. Sie steht für untadeliges Betragen und seelischer Reinheit

Dũng: männlicher Vorname, steht für tapfer, mutig

Dwight David Eisenhower (1890 - 1969): amerikanischer Präsident zwischen 1953 und 1961

FNL (fr. Front National de Libération): gebräuchliche Abkürzung für Nationale Front für die Befreiung Südvietnams (Abk. NFB, viet. Mặt Trận Giải Phóng Miền Nam Việt Nam). Sie war eine Untergrundorganisation (gegründet 1960, aufgelöst 1977), welche im Amerikakrieg (s. 2. Indochina Krieg) in Südvietnam gegen südvietnamesische und amerikanische Truppen kämpfte.

Genfer Konvention (auch Genfer Abkommen): Zwischenstaatliches Abkommen des humanitären Völkerrechts, welches hauptsächlich dem Schutz von Personen dient, die nicht oder nicht mehr an Kampfhandlungen teilnehmen, begründet mit der 1. Konvention 1864 in Genf.

Gia phả: Ahnentafel aus Holz mit den Namen und Sterbedaten der Toten, steht auf einem Ahnenaltar in beinahe jedem vietnamesischen Haus.

Giáo Su': Bischof im Caodaismus

Giáo Tông (Hán nôm): Papst im Caodaismus

Gido Hứu: Priester im Caodaismus

Hạ Long: viet. Heransteigender Drache

hạnh: eine der vier Tugenden der Frau (siehe Tứ đức) im Konfuzianismus. Sie steht für Wohlerzogenheit, Nachsicht zu Untergebenen und Ehrerbietung gegenüber Höhergestellten.

Hiền: weiblicher Vorname, steht für brav, sanft, tugendhaft

hiếu: eine der vier Pflichten in Familie und Gesellschaft im Konfuzianismus. Sie steht für Gottespflicht, Genüge tun gegenüber den Göttern und Ahnen.

Hòa Hảo (vollständiger Name »Phật giáo Hòa Hảo«, auch Đạo Hòa Hảo): buddhistische Sekte aus dem Mekong Delta, dessen Anhänger auf die Rückkehr ihres Propheten warten. Begründet 1939 durch Huỳnh Phú Sổ (1919 - 1947) aufgrund seiner zuvor erhaltenen Erleuchtung. Heute gibt es ca. 2 Mill. Anhänger.

Hồ Chí Minh (1890 - 1969): viet. Hồ klarer Wille, eigtl. Nguyễn Sinh Cung, vietnamesischer Revolutionär und Politiker, Präsident der DRV (s. d.), Gründungsmitglied der Kommunistischen Partei Indochina (später Kommunistische Partei Vietnams)

Ho-Chi-Minh-Pfad (viet. Đường mòn Hồ Chí Minh): westliche Bezeichnung für die Truong-Son-Straße (viet. Đường Trường Sơn). Verkehrswegesystem während des Vietnamkrieges (siehe 2. Indochina Krieg) zur Versorgung der nordvietnamesischen Truppen im Süden Vietnams.

Ho-Chi-Minh-Stadt: ist keine gültige Bezeichnung in Vietnam, es handelt sich um den Verwaltungsbezirk mit Namen Ho-Chi-Minh (viet. Thành phố Hồ Chí Minh), wovon ein Bestandteil die Stadt Saigon ist.

Hòn Chồng: südvietnamesischer Ort mit überwiegend chin. und kamb. stämmiger Bevölkerung.

Victor-Marie Hugo (1802 – 1885): französischer Schriftsteller. Er steht im Caodaismus als Symbol für den Westen.

Hùng: männlicher Vorname, bedeutet »Held«

Indochina: entspricht den heutigen Territorien der Staaten Laos, Kambodscha und Vietnam.

Indochina Kriege:

Erster Indochina Krieg (auch französischer Indochina Krieg, 1946 bis 1954): Laut der Potsdamer Konferenz fällt Vietnam unter die Herrschaft Großbritanniens. Ho-Chi-Minh (s. d.) ruft die Demokratische Republik Vietnam (s. d.) aus. Großbritannien überträgt Frankreich die Herrschaft über Vietnam. In diesem Krieg versucht Frankreich die Herrschaft, über den aufständischen Norden zu erlangen. 1954 wird die Teilung Vietnams durch die Genfer Konferenz entlang des 17. Breitengrades beschlossen.

Zweiter Indochina Krieg (im westlichen Sprachgebrauch »Vietnamkrieg«, im vietnamesischen »Amerikakrieg«, etwa 1955 bis 1975): Kriegseintritt der USA 1964, 1975 Widervereinigung zwischen Nord- und Südvietnam (s. d.) zur Sozialistischen

Republik Vietnam. Bis heute haben die USA keinerlei Reparationsleistungen an Vietnam gezahlt. vgl. Frey, Vietnamkriegs

Dritter Indochina Krieg (1978 bis 1989/91): Ursache waren die Grenzstreitigkeiten zwischen Vietnam und Kambodscha. Ab 1989 zogen sich die vietnamesischen Truppen aus Kambodscha zurück. Offiziell wurde dieser Krieg mit dem Pariser Friedensabkommen 1991 für beendet erklärt.

Kader: Bezeichnung von Führungskräften im Ostblock

Kegelhut: typisch ostasiatisches Kopfbedeckung, oft auch als Basthut bezeichnet

không: viet. nein

Henry Alfred Kissinger (*1923): deutschstämmiger amerikanischer Politikwissenschaftler und Politiker der Republikanischen Partei. Zwischen 1969 und 1973 war er nationaler Sicherheitsberater und zwischen 1973 und 1977 Außenminister der USA.

Konfuzianismus (viet. Nho): Begriff für Philosophien und politische Vorstellungen, die sich an Konfuzius (s. d.) und seinen Schülern aufbauen. vgl. Hans van Ess: Der Konfuzianismus, C. H. Beck oHG, München, 2009

Konfuzius (vermutlich von 551 v. Chr. bis 479 v. Chr., chinesisch 孔子): chinesischer Philosoph zur Zeit der Östlichen Zhou-Dynastie (722 v. Chr. – 221 v. Chr.). Seine Lehren galten der menschlichen Ordnung, wobei er das Ideal in einem moralisch makellosem Mensch sah. Diesen Weg dahin suchte er vor allem in der Bildung, gleichfalls auch in gegenseitiger Achtung vor jedem Menschen und der Ahnenverehrung. vgl. Annping Chin: Konfuzius – Geschichte seines Lebens, Verlag der Weltreligionen im Insel Verlag, Berlin, 2009 und Konfuzius: Schul- und Hausgespräche, übersetzt und kommentiert von Wolfgang Kubin, Herder Verlag, 2016

KPV (viet. Đảng Cộng sản Việt Nam): Kommunistische Partei Vietnams, gegründet 1930 in Hongkong. Parteizeitung »Nhân Dân« http://www.nhandan.com.vn/ (viet., engl., russ., fr.)

Lao Dse (vermutlich 6. Jh. V. Chr., chinesisch 老子, auch Laotse, Lao Tse, Laodse, Laozi): Begründer des Daoismus (s. d.). Nach einer Legende wird ihm das Werk Dàodéjīng (Tao Te King, Tao Te Ching) zugeschrieben, welches erst durch den Han-Kaiser Jing (157 v. Chr. – 141 v. Chr.) zusammengestellt wurde.

Lễ Sanh: Priesterschüler im Caodaismus

Lê Văn Trung (1876 – 1934): Giáo Tông (s. d.) des Caodaismus.

Minh Chieu (Chieu Minh): 1927 im Mekong Delta gegründete Religion des Visionärs Ngô Văn Chiêu (s. d.)

General Dương Văn Minh (1916 – 2001): Armeechef und militärischer Berater unter Ngô Đình Diệm (s. d.). 1975 war er für zwei Tage der Präsident Südvietnams (s. d.) und unterzeichnete die Kapitulationserklärung. 1983 durfte er nach Frankreich auswandern.

Mohammed (570 - 573 bis 632, voller Name: Abū l-Qāsim Muhammad ibn ʿAbd Allāh ibn ʿAbd al-Muttalib ibn Hāschim ibn ʿAbd Manāf al-Quraschī, arabisch أبـو القرشــــي منـاف عبـد بـن هاشم بـن المطلـب عبـد بـن الله عبـد بـن محمد القاسـم): Religionsstifter des Islam, gilt dort als Prophet.

Moses (auch Mose): zentrale Figur in der Tora (Fünf Bücher Mose). Nach der biblischen Überlieferung führte Mose das Volk der Israeliten aus der ägyptischen Sklaverei in das »Gelobte Land« Kanaan (lt. 2. Buch Mose: das Land, in dem Milch und Honig fließen, heute: Region Palästina).

NFB: Nationale Front für die Befreiung Südvietnams, siehe Vietcong

Ngô Đình Diệm (1901 – 1963): erster Präsident der Republik Vietnam (Südvietnam s. d.) zwischen 1955 bis 1963. Als Gegner freier Wahlen putschte er sich mithilfe der USA, führend unter US-Außenminister John Foster Dulles (1888 – 1959), an die Macht. Er führte Vietnam autoritär und diktatorisch und ging brutal gegen Andersdenkende; Buddhisten, Cao-Daisten (s. d.) und Kommunisten vor.

Ngô Văn Chiêu (1878 – 1932, auch Ngô Minh Chiêu): Gründer des Cao Đại (s. d.)

ngôn: eine der vier Tugenden der Frau (siehe Tứ đức) im Konfuzianismus. Sie steht für eine sanfte Sprache und Zurückhaltung.

Nguyễn: bedeutet »schöner Wohlstand«, häufigster Familienname in Vietnam.

Nguyễn-Dynastie (viet. Nhà Nguyễn): letzte vietnamesische Kaiserdynastie. Die Familie regierte von 1802 bis 1883 mit uneingeschränkten Machtbefugnissen, zwischen 1883 und 1945 unter starken Einschränkungen der Franzosen. Der letzte Kaiser war Bảo-Đại (s. d.)

Nguyễn Ngoc Tuong (1881 – 1951): wichtige Persönlichkeit im Caodaismus (s. d.)

Nguyễn Phan Long (1889 - 1960): geweihter Bischof des Caodaismus, Chefredakteur der Zeitschrift »La Tribune Indochinoise«, 2. Premierminister der Republik Vietnam (Südvietnam s. d.).

Nguyễn Văn Thiệu (1923 – 2001): Marionetten Herrscher Südvietnams. Er war zwischen 1967 und 1975 Präsident und General der Armee (ARVN) Südvietnams.

Nhòn-Đạo: Lehre des Konfuzianismus (s. d.)

Richard Milhous Nixon (1913 – 1994): amerikanischer Politiker der Republikaner, 37. Präsident der USA.

Nordvietnam: Demokratische Republik Vietnam (s. d.)

Opiumkriege:

Erster Opiumkrieg (1839 – 1842): Krieg zwischen Großbritannien und dem Kaiserreich China. China wird gezwungen, den Opiumhandel zu dulden.

Zweiter Opiumkrieg (1856 – 1860): Krieg zwischen den Verbündeten (Großbritannien und Frankreich) und dem Kaiserreich China. Der Opiumhandel wurde legalisiert, Christen durften Eigentum erwerben und in China missionieren.

Pagode: viet. Chùa (s. d.)

Pariser Friedensgespräche: fanden zwischen 1968 und 1973 mit dem Ziel der Beendigung des Vietnamkrieges (s. d.) statt.

Phạm Công Tắc (1890 – 1959): Chưởng Pháp (s. d.) Er richtete die Religion des Caodaismus nach wirtschaftlichen, politischen und sozialen Gesichtspunkten neu aus.

Phật-Đạo: Lehre des Buddhismus (s. d.)

Phối Su': Erzbischof im Caodaismus

Phuc Quoc (viet. Việt Nam Phục quốc Đồng minh Hội): Die Phuc Quoc Liga (übertragen Volksarmee der Heimat) war zwischen 1939 und 1951 eine vietnamesische politische Organisation, die sich zum Ziel stellte, die Franzosen aus Indochina zu vertreiben und die Souveränität Vietnams zu erreichen.

Potsdamer Konferenz (Juli 1945): Ursprung für Teilung Vietnams, Vietnam fiel in den Herrschaftsbereich Großbritanniens.

Provisorische »Revolutionäre« Regierung (viet. Chính Phủ Cách Mạng Lâm Thời Cộng Hòa Miền Nam Việt Nam): 1969 von der NFB (s. d.) gebildet und 1977 wieder aufgelöst.

Ronald Wilson Reagan (1911 – 2004): amerikanischer Schauspieler und Republikaner, 40. Präsident der USA.

Saigon (viet. Sài Gòn): erster Bezirk von Ho-Chi-Minh-Stadt (s. d.)

Shintoismus (viet. Thần-Đạo): Shintō (übertragen »Weg der Götter«) bezeichnet die ursprüngliche Religion Japans.

Siêu: männlicher Vorname, steht für »überragend sein«

Stalinismus: Die Hochzeit hatte der Stalinismus von 1923 bis 1956 in der Sowjetunion. Das Tauwetter während der Nikita Sergejewitsch Chruschtschow (1894 – 1971) Ära brachte anfängliche Aufarbeitungen der Stalinzeit, doch wurde hier nicht konsequent gearbeitet. Der Stalinismus, welcher für Vietnam Bedeutung fand, liegt in der Ära Breschnew. Leonid Iljitsch Breschnew (1906 – 1982) führte eine Partei und Regierung, welche mit Kräften ausgefüllt waren, die Positionen, Lücken besetzten, welche durch die große stalinistische Säuberung bis 1940 entstanden. vgl. Rogowin

Südvietnam: Bezeichnung für mehrere historische Staaten seit 1949 bzw. nach der Teilung Vietnams 1954. 1949 bis 1955 Vietnam, viet. Quốc gia Việt Nam (Bảo-Đại-Regierung), 1955 bis 1975 Republik Vietnam, viet. Việt Nam Cộng Hòa, 1975 bis 1976 Republik Südvietnam, viet. Cộng Hòa Miền Nam Việt Nam, 1976 erfolgte die Wiedervereinigung mit Nordvietnam (s. d.) zur Sozialistischen Republik Vietnam.

Synkretismus, der: griechisch Verschmelzung, Vermischung von Lehren oder Religionen

Sun Yat Sen (1866 – 1925, auch Sun Yat-sen): Gründer der chinesischen Republik, gilt als Inbegriff des asiatischen Nationalismus.

Taoismus (viet. Tiên-Đạo): siehe Daoismus

Tết Nguyên Đán (viet. Neujahrsfest, dt. »Fest des Ersten Morgens«): Das Tet Fest ist der wichtigste vietnamesische Feiertag im Jahr. Gefeiert wird vom ersten bis zum dritten Tag des ersten Monats nach dem chinesischen Mondkalender. Nach europäischer Zeitrechnung beginnt das chinesische Mondjahr immer zwischen dem 21. Januar und dem 21. Februar.

Tet-Offensive: Überraschungsangriff der Vietcong (s. d.) am Vorabend des Tết Nguyên Đán (s. d.), 30. Januar 1968. Die Offensive dauerte bis zum 23. September

1968 an. Sie war zwar für die Amerikaner und Südvietnamesen ein Schock und kann somit als Erfolg der Nordvietnamesen gewertet werden, doch erlitten diese herbe Verluste.

Thân-Đạo: Lehre des japanischen Shintoismus (s. d.)

Thắng: männlicher Vorname, bedeutet übertragen »Sieg«

Thăng Long: vollständig Hoàng thành Thăng Long viet. für »aufsteigender Drache«

Thánh-Đạo: Lehre des Christentums

tiền: viet. Geld

Tiên-Đạo: Lehre des Taoismus / Daoismus (s. d.)

Tin: eine der vier Pflichten in Familie und Gesellschaft im Konfuzianismus. Sie steht für sich des Vertrauens der Freunde würdig erweisen.

TPP: Transpazifische Partnerschaft, das Freihandelsabkommen zwischen Australien, Brunei, Chile, Japan, Kanada, Malaysia, Mexiko, Neuseeland, Peru, Singapur, Vietnam und den USA wurde im Februar 2016 unterzeichnet. Im Januar 2017 kündigte die USA das Abkommen. Neue Verhandlungen finden im November 2017 in Đà Nẵng, Vietnam, statt. New Zealand Foreign Affairs and Trade, 5. November 2015: http://www.tpp.mfat.govt.nz/text

mẹ tôi: viet. meine Mutter

Trang Trinh (1491 – 1585, auch Nguyễn Bỉnh Khiêm): Dichter, Pädagoge und Politiker, war einer der einflußreichsten Persönlichkeiten Südostasiens im 16. Jh., gilt als Symbolfigur des Ostens

Tứ đức: bezeichnet die vier Tugenden der Frau.

Trung: eine der vier Pflichten in Familie und Gesellschaft im Konfuzianismus. Sie bedeutet dem König ihre Treue erweisen.

vâng: viet. ja

Vietcong (viet. Việt cộng): umgangssprachlich für Nationale Front für die Befreiung Südvietnams, abgekürzt NFB (viet. Mặt Trận Giải Phóng Miền Nam Việt Nam, fr. Front National de Libération, abgekürzt FNL (s. d.))

Việt Minh: vollständiger Name Việt Nam Độc Lập Đồng Minh Hội, Liga für die Unabhängigkeit Vietnams. Sie wurde 1941 gegründet und setzte sich vornehmlich aus nationalistischen und kommunistischen Gruppen zusammen.

Vietnamkrieg: siehe 2. Indochina Krieg

Xin chào: viet. Hallo (chào), Guten Tag

Xuân: weiblicher Vorname, bedeutet Frühling

ZK: Zentralkomitee

Literatur:

- Heike Baldauf: Vietnam, Ein Länderporträt, Ch. Links Verlag, Berlin, 2016
- DGA, Deutsche Gesellschaft für Asienkunde e. V. (Hrsg.): Asien, Deutsche Zeitschrift für Politik, Wirtschaft und Kultur, Nr. 5; Oktober 1982, Hamburg, S. 27 – 49 (dt.)
- Đồng Tân: Lịch sử Đạo Cao Đài; Saigon, 1967 (viet., fr.)
- Marc Frey: Geschichte des Vietnamkriegs, C. H. Beck oHG, München, 2010
- Brigitte Friang: La mousson de la liberté. Vietnam, du colonialisme au stalinisme, Paris, 1976
- G. Gobron : Histoire du Caodaïsme, Paris, 1948 (fr.)
- Günter Giesenfeld: Brennpunkt Vietnam, Reportagen, Begegnungen, Reflektionen, Argument Verlag, Hamburg, 2017 (dt.)
- Günter Giesenfeld: Land der Reisfelder, Vietnam, Laos und Kambodscha Geschichte und Gegenwart, Argument Verlag, Hamburg, 2013 (dt.)
- Gouvernement général de l'Indochine, Direction des affaires politiques et de la sûreté générale. Contribution à l'histoire des mouvements politiques de l'Indochine française. Documents, Band VII., Le Caodaïsme 1926 - 1934, I.D.E.O. Verlag, Hanoi, 1934 (fr.)
- Christopher Hitchens : The trail of Henry Kissinger, London und New York, 2001

- Huệ Khải: Ngô văn chiêu ngu'òi môn đệ cao đài đầu tiên, Nxb tam giáo đồng nguyên - Verlag, USA, 2008, http://tamgiaodongnguyen.com/Books/NgoVanChieu.pdf (viet., engl.)
- Konfuzius: Die Weisheit des Konfuzius, Insel Verlag, Frankfurt am Main, 2004
- Nguyễn Phan Long: Rede »Caodaïsme - Le mysticisme du Dieu Cao-Dai«, 1937 gehalten anlässlich der Einweihung des Caodai-Tempels Trung-Thành in Đà Nẵng, herausgegeben als Broschüre vom Tempel des Cao Dai Montréal (Québec), Canada (fr.)
- Viet Nam Kurier, Mitgliederzeitschrift der Freundschaftsgesellschaft Vietnam (Hrsg.): http://www.fg-vietnam.de/Vietnam-Kurier/Kurier.html
- Wadim S. Rogowin, 1937, Jahr des Terrors, Arbeiterpresse Verlag, Essen, 1998
- William Safire: Before the fall, An inside view of the pre-Watergate White House. New York, 1973
- Peter Scholl-Latour: Der Tod im Reisfeld, 30 Jahre Krieg in Indochina, Deutsche Verlags-Anstalt, Stuttgart, 1980
- Ralph B. Smith: An Introduction to Caodaism, 2004 (engl.)
- Dang Thuy Tram: Letzte Nacht träumte ich vom Frieden, Ein Tagebuch aus dem Vietnamkrieg, Krüger Verlag, Frankfurt am Main, 2008 (dt.)

Internet:

- AHK Vietnam: www.vietnam.ahk.de, Vertretung der IHK in Vietnam (dt.)
- Asian Development Bank: http://www.adb.org/ (engl.)
- Botschaft der Sozialistischen Republik Vietnams:
  http://www.vietnambotschaft.org (dt.)
- Ernährungs- und Landwirtschaftsorganisation der Vereinten Nationen:
  http://www.fao.org/home/en/ (engl.)
- Eurasisches Magazin: www.eurasischesmagazin.de – Netzzeitschrift für
  Europa und Asien, (dt.)
- Food Security Assessment, 2007. ERS, USDA, 2008:
  http://www.ers.usda.gov/publications/gfa-food-security-assessment-situation-
  and-outlook/gfa-19.aspx (engl.)
- Freundschaftsgesellschaft Vietnam: gegründet 1976, http://www.fg-vietnam.de/
  (dt.)
- GIZ – Gesellschaft für Internationale Zusammenarbeit: www.giz.de (dt.)
- GTAI – Germany Trade and Invest; Gesellschaft für Außenwirtschaft und
  Standortmarketing mbH: www.gtai.de_(dt.)
- Institute for Policy Studies: http://www.ips-dc.org/ (engl.)
- Regierungskommission für religiöse Angelegenheiten: http://btgcp.gov.vn
  (viet., teilweise engl.)
- The State of Food Insecurity in the World 2008:
  ftp://ftp.fao.org/docrep/fao/011/i0291e/i0291e00.pdf (engl.)

- Statistisches Amt der Volksrepublik Vietnam: http://www.gso.gov.vn (viet., engl.)
- Stimme Vietnams: www.vovworld.vn, Auslandskanal Vietnams (dt., engl., fr., viet.)
- Terre des hommes Deutschland e. V.: Ausgewogene Ernährung als Basis für eine gesunde Zukunft: Rehabilitationsprogramm für unterernährte Kinder, https://www.tdh.de/was-wir-tun/projekte/suedostasien/vietnam/ausgewogene-ernaehrung-fuer-eine-gesunde-zukunft/ (dt.)
- Thanh Niên News: www.thanhniennews.com, Zeitung des vietnamesischen Jugendverbandes (engl.)
- Tuổi Trẻ: www.tuoitre.vn, Jugendzeitung (viet.)
- VGU: www.edu.vn, Vietnamesisch-deutsche Universität (viet.)
- Việt Nam News: www.vietnamnews.vn, englischsprachige Tageszeitung in Vietnam (viet., engl.)
- VNAT – Vietnam National Administration of Tourism; Ministerium für Tourismus Vietnams: www.vietnamtourism.gov.vn (viet., engl.)

Reisen & Reiseführer:

- www.auf-weltreise.de – Reiseinformationen und Reportagen
- www.editioneurasien.de – backpacking Reisen & Fotografieren im eurasischen Raum, speziell Russland, Osteuropa, Zentralasien, Mongolei & Vietnam
- Kothmann / Bühler: Vietnam, Reise Know-How Verlag Peter Rump GmbH, Bielefeld, 2014
- Andrea und Markus Markand: Stefan Loose Reiseführer Vietnam, DuMont Reiseverlag, Ostfildern, 2016
- Renate und Stefan Loose: Stefan Loose Reiseführer Südostasien, Mekong Region, DuMont Reiseverlag, Ostfildern, 2017
- Stewart u. a.: Vietnam, Lonely Planet, 2016 (engl.)
- Deutsche Zentrale für Globetrotter: www.dzg.com
- Knop Reisen: www.knop-reisen.de – individuelle Reisen in Vietnam

Sie mögen mehr, so besuchen Sie im Internet:

www.auf-weltreise.de

"Als Globetrotter sucht er das Authentische im Land und in den Menschen ..." (Sächsische Zeitung)

Dort können Sie in interessante Reportagen, Bücher und Fotos eintauchen und näheres über Russland, Zentralasien, Mongolei und Vietnam erfahren.

Bücher • Fotos • Wandkalender • Vorträge • Reportagen Ausstellungen • Fine Art Drucke • DVD Filme • Newsletter Reiseführer • Reisefotografie • etc.

Mongolei - Reportagen aus dem Land der Mythen

2015, ISBN: 978-3-7347-6312-0, 120 Seiten - 24 s/w Fotos - 8,99 Euro

Wie sich die nomadische Mongolei zu einem konsumorientierten Land verändert hat, in dem westliche Lebensart mehr zählen als die alten Tugenden. Und warum daran auch der Kult um Dschingis Khan nichts ändert.

… Auf der weiten Wüstensteppe gibt es glühende Schicksale, deren Puls die Jahreszeiten und deren Herz die Menschen in den Gers sind. Sie singen, während der Wind über das Land streift, das Lied vom Leben. Mag sein, dass die Wüstensteppe für einen Fremden nur ein karg bewachsener Sandkasten ist, für den Nomaden ist es der Gesang der Düne, der sie glücklich macht.

Sibirien - Reportagen aus Russland, dem Reich der Sagen

2013, ISBN: 978-3-7322-8689-8, 120 Seiten, 41 s/w Fotos, 9,99 Euro

Wir kennen Kolumbus. Doch wissen wir etwas über Jermak, den Entdecker Sibiriens. Dabei ist dieser Landstrich größer als Amerika.

Wagen wir den Weg, benutzen wir die Schneise, welche uns die Transsibirischen Eisenbahn nach Osten vorgibt, bis in den letzten Winkel. Begleiten wir Eisenbahner der Fernostbahn, stoßen wir zu den Wölfen im Baikal-Lena-Naturreservat vor und tauchen ein in die Religion des Lamaismus im Kloster Ivolginsk. Entdecken wir Sibirien. Es ist warm, schön, herrlich wie am ersten Tag.